JN098206

日台関係研究会叢書 8

台湾と日米同盟

浅野和生 編著

展転社

序文

本書は、日台関係研究会叢書8として出版される。本会は、平成七（一九九五）年六月に創立され、爾来二十六年が経過した。叢書は、本会の活動の成果として世に問うものであり、平成二十六（二〇一四）年から、毎年出版している。今回も、浅野和生本会事務局長（平成国際大学教授）の企画・編集のもと、問題意識を同じくする本会関係者が執筆した。

現在、日本と台湾の間は、極めて良好な関係が維持されている。一九七一年以降、不幸にして日台間の国交は断たれたまま、半世紀が経過した。政治・軍事などの分野を除いて、経済・文化の交流は実に活発である。両国民の往来も盛んであり、両国間の実務関係は濃厚である。先年の東日本大震災の際に、台湾の人びとから物心両面の際立った支援をいただいたことは、日本人の記憶に鮮明である。近年、日本も台湾も大規模な災害に見舞われている。そのたびに互いに支援の手を差し伸べ合ってきた仲だ。

これほどの国と国との実質的な関係にも関わらず、正式な外交関係を欠く不正常な状態が続いている。それでも両国を繋ぐ糸は幾重にも撚り上げられ、その結びつきは益々太さを増し、強固なものとなっている。コロナ禍が世界を覆うなか、両国の絆は益々強まっているように思う。ただし、強まらざるを得ない厳しい現実に目を背けるわけにはいかない。

世界が未曾有のコロナ禍にあっても、隣国である中国の露骨なまでの軍備増強、経済や先端技術などの影響力の増大は脅威を生む。米中対立は、自由民主主義陣営と専制主義中国との対決の様相ともなっている。台湾への挑発行為、尖閣諸島周辺海域での領海侵犯、香港、チベット、ウィグルでの弾圧、フィリピン、ベトナム、インドへの嫌がらせなど、中国の異形の強権体質を日々目の当たりにする現実がある。

現在、台湾は民進党の蔡英文政権の下にある。新型コロナウィルスを早々に押さえ込み、自由と民主主義の体制のなか、安定した政権運営が行われている。一方、台湾海峡を挟んだ中国は、習近平体制が強化され、世界のコロナ禍に乗じて一帯一路構想と軍事力を背景に海洋進出を押し進めている。アジア太平洋地域では、覇権拡大を意図した露骨な行動が、自由と民主主義の価値観を共有する諸国に脅威を与えている。周知のように香港にいたっては、民主主義の息の根が止められた。台湾への軍事的挑発も度重なる。台湾と国交を結ぶ太平洋島嶼国を一枚一枚剥がしにかかり、太平洋を中国の海に、さらには台湾を飲み込むべく執拗に行動している。このままではアジア太平洋の自由と民主主義、法の支配が失われてしまう。中国の現実的な脅威を前にして、米国と台湾とは一歩進んだ関係強化が進められている。日本は、米国とともにオーストラリア、インドを軸に関係強化を図り、「自由で開かれたインド太平洋構想」で対抗しようとしている。

この地域に、安全保障と自由と民主主義、法の支配を確保することは、日本にとり、また一衣帯水の台湾にとって、経済、文化ともに国益に適い、共通する目標となり価値がある。日本と台湾は運命共同体なのだ。このことは本会が発足した当初からの問題意識でもあった。昨今のアジア太平洋地域の厳しい状況は一層その感を強くさせる。

本年の本会叢書8が標題を「台湾と日米同盟」としたのは、かかる脅威を前にして、台湾の自由、安全、平和が維持され、安定した日米台関係の道標を築く一助としたいがためである。

本書は五章立てで構成されている。巻頭の論考（第一章）は、「台湾と日米同盟」（浅野和生）であり、標題が示すように、本書企画の中核をなす。いま、なぜ台湾と日米同盟なのか、なぜそれを強調すべきなのか、「自由で開かれたインド太平洋戦略構想」と絡めて、明確な証拠を挙げ、訴えるべきは訴えているように思う。米バイデン政権は対立する党派のトランプ前政権が採用した戦略に続けて、この戦略構想を推進する。日本は、米国の第一の同盟国となり、ここに於いて台湾は米国の友好国と位置づけられ、日米台の関係が進化していく。この戦略の対極にあるのが共産党独裁の中国であり、台湾は中国の拡張戦略に対峙する自由民主主義陣営の最前線となり、守るべき砦となった。第一章では、現下の日米台対中国をめぐる基本的な関係や中国の脅威を証明する豊富な知見が分かりやすく説明されている。

第二章では、「戦後米台関係の変遷」（渡辺耕治）として、アメリカが中国と台湾にどのように向き合ってきたのか、歴史を辿って考察する。第三章では「尖閣諸島をめぐる日米中台関係」（松本一輝）を解説する。日本の南西諸島の安全は、台湾の安全に直結し、台湾の危機は日本の危機に他ならない。第四、五章では、世界中の国家社会に危機を及ぼしかねないコロナウィルスを封じ込め、世界の優等生となった台湾の取り組みを紹介する。第四章「コロナ禍の日本と台湾――日本と台湾の防疫意識の差」（新井雄）

は、台湾在住十八年余り、台湾の大学で教鞭をとる研究者自身が体験したコロナ対策の報告である。第五章「『武漢肺炎』を封じ込めた台湾と蔓延を許した日本」（山形勝義）は、コロナ情報を逸早くキャッチし躊躇なく対策を講じた台湾当局の取り組みを説明する。

本書の執筆者に共通するのは、日台関係がよき隣人関係でありたいと願う率直な気持ちである。これこそが日台関係研究会設立の強い思いでもある。台湾は、自由と民主主義の価値観を共有する隣国である。国交は断たれているものの、両国間の歴史、経済、文化の関係は大切な絆を構成している。台湾は、四面環海の日本の安全保障にとって、地政学上も極めて重要なパートナーなのである。他の隣国との関係を顧みれば、良き隣人関係を築ける台湾との関係は格別のものだ。

日台関係研究会は、今年で創立二十六年が経過した。本会は毎月の例会を欠かすことなく実施し、年次大会も開催してきた。叢書出版以前から、すでに本会関係者の執筆にかかる書物が刊行され、十八冊を数えている。もちろん、こうした活動は、多くの人びとのご支援なくしては継続できない。この機会に、改めて深く感謝を申し上げたい。

令和三年十二月

日台関係研究会常務理事・平成国際大学名誉教授　酒井正文

目次

台湾と日米同盟

第三章　尖閣諸島をめぐる日米中台関係　松本一輝

第四章　コロナ禍の日本と台湾——日本と台湾の防疫意識の差　新井雄

カバーデザイン：古村奈々＋Zapping Studio

第一章　台湾と日米同盟

平成国際大学教授　浅野和生

第一節　「自由で開かれたインド太平洋」時代の幕開け

二十二年早い機密解除の衝撃――「自由で開かれたインド太平洋戦略枠組み」

二〇二一年一月五日、アメリカ、トランプ政権のオブライエン安全保障担当大統領補佐官が、「自由で開かれたインド太平洋戦略枠組み（The Framework of Free and Open Indo-Pacific Strategy、以下、「戦略枠組み」とも表記する）」の機密指定を解除した。この文書は、トランプ政府の外交・安全保障の総合戦略の枠組みを規定する、まさに機密文書であり、通常であれば制定から二十五年間は公開されないものである。本来、二〇四二年十二月三十一日公開予定だったという。それをあと二週間で政権を去るというタイミングで、あえて機密指定解除に踏み切ったことは、世界に大きな衝撃を与えた。所定より二十二年も早い公開である。

機密解除の指示の後、この文書は一月十二日に公開されたが、さすがに全文完全公開とはいかず、全体の一割弱は黒塗りにされていた。一部、黒塗りでの公開のイメージが、これが機密文書であったことを際立たせることになった。

さて、オブライエン補佐官は、公開に当たってメッセージを付したが、その中で「自由で開かれたインド太平洋戦略枠組み」は、今後も将来にわたってアメリカの外交・安全保障の基礎となるべきものであり、アメリカ国民およびアメリカの同盟国、友好国に共有してもらうために公開に踏み切ったと述べた。これはつまり、一月二十日にはトランプ政権はアメリカの権力の座を去るが、続く民主党のバイデン政権も、この基本方針を踏襲するようにと念押しするための公開であった。同盟国、友好国にアメリカの国際戦略を周知することで、バイデン政権がこの路線を外れることができないように枠を嵌めたのである。

安倍政権発の「インド太平洋構想」

オブライエン補佐官のメッセージと戦略枠組みは、さらに二つの点でたいへん画期的なものであった。それは、トランプ政権を契機に、日本と台湾とアメリカの関係が大きく様変わりしたことを明らかに示した。

その第一は、オブライエン補佐官が「自由で開かれたインド太平洋戦略」の出自について、安倍晋三首相の創案であると明言したことだ。そして第二は、アメリカの第一の同盟国が日本であり、また友好国に台湾が含まれることを明言したことである。

オブライエン補佐官はこのメッセージの中で次のように説明した。

「自由で開かれたインド太平洋戦略」については、二〇〇七年に第一期政権の時の安倍首相がインドの議会で、広範なアジアにわたる「太平洋とインド洋という連なる海」は「自由と繁栄の海であり、全ての人々に開かれたものであるべきだ」と語ったのが最初であった。その後、二〇一六年にケニアのナイロビで開かれたアフリカ開発会議（TICAD）において、安倍首相は、今度はこの概念をもっと明確かつ立体的に表現して、アフリカからアジアに至るこの地域を、「自由と法の支配、市場経済、暴力と抑圧からの自由という価値に基づいて繁栄する地域」へと発展させようと呼びかけた。

するとトランプ大統領は二〇一七年に、アメリカ大統領として、過去二十五年間で最も長期間のアジア歴訪を実施して、ベトナムのダナンで開かれたAPECの際に、安倍首相の構想を敷衍（ふえん）して「自由で開かれたインド太平洋」の実現を呼びかけたのである。

オブライエン補佐官は以上のように、今日、世界で誰もが口にするようになった「自由で開かれたインド太平洋」構想が、日本の安倍晋三首相の創案によるものであることを詳細にわたって説明した。アメリカ大統領補佐官が、米大統領の構想が他国の首相からインスピレーションを受けたものだったと、これほど率直に述べることはきわめて稀だろう。

周知のとおり、安倍晋三首相は二〇〇六年九月に初めて首相の印綬を帯びたが、残念ながらほぼ一年をもって体調不良を主因として政権の座を離れた。このため、二〇〇七年の「インド洋と太平洋をつなぐ」提言は、後継の政権に引き継がれることになったが、福田康夫、麻生太郎の両政権も、いずれも一年の短命に終わり、何らの結実を見るには至らなかった。こうして二〇〇九年の総選挙で大敗を喫した自民党は政権を離れ、民主党政権に道を譲ることになった。

その民主党政権も、三年間の政権担当期間において、鳩山由紀夫、菅直人、野田佳彦の三人が次から次へと首相の座に就くめまぐるしさで、外交・安全保障については、いたずらに混乱を引き起こすだけの結果に終わった。

しかし二〇一二年、二度目の政権を担うことになった安倍首相は、二〇一六年八月にアフリカ開発会議において演説を行い、今日につづく「インド太平洋構想」の輪郭を語った。それまでの日本は、「全方位外交」などと、どの国とも仲良くするという、聞こえは良いがおよそ戦略とはいえない方針を掲げるにとどまっていた。そんな戦後の日本が、安倍政権において初めて、「インド太平洋」を自由で開かれた海とし、法の支配と市場経済で繁栄する地域にするという、明確な戦略目標を掲げた。すると、これに共鳴したトランプ大統領が、「自由で開かれたインド太平洋戦略」として国際政治の舞台における主要な概念へと押し上げたのである。

戦後の日本は、アメリカの同盟国として、アメリカの国際戦略に後からしずしずと付き従っていくような国柄であったが、ここにおいてアメリカの国際戦略を先導する役割を果たしたのである。実に画期的なことであった。

国際政治の主要舞台が北大西洋からインド太平洋へ

第二点は、国際政治の最重要舞台の変遷が、いよいよ明確になってきたことと関係がある。

近世には、ヨーロッパ諸国がアジア、アフリカ、南北アメリカ大陸において植民地化を進めたが、清朝をはじめ世界各地には地域の覇権をもつ旧型帝国が存続していた。しかし十九世紀以来の国際社会の主役は欧米となり、主要舞台は北大西洋の東西両岸地域となった。

すなわち、世界に先駆けて産業革命を成し遂げた大英帝国が、七つの海にまたがる「日が沈むことのない帝国」を築くなかで、清朝はアヘン戦争で一敗地にまみれ、インドもその軍門に下った。さらに十九世紀後半には、英国に追いつき追い越せといわんばかりに、大西洋の向こうのアメリカが急速に経済成長を成し遂げ、またヨーロッパ中央部では統一国家を樹立したドイツが勃興し、オーストリア＝ハンガリーと合体して経済発展と軍事力の急拡大を成し遂げた。

二十世紀に入って二度にわたる世界大戦が終わると、いずれの大戦でも発火点となり敗戦国となったドイツは分割され、またピークアウトした大英帝国を尻目に、アメリカが世界最大の国家として君臨するときを迎えた。しかし、同時に、ロシア革命で誕生したソビエト社会主義共和国連邦は、東ヨーロッパに勢力を拡大し、アジアへ、世界へとドミノ倒し式に世界に革命を輸出しはじめた。こうして現出した米ソ超大国の時代は、一九九一年のソ連邦の解体に至るまで四十五年ほど続いた。

つまり、二十世紀末に至るまでのおよそ二百年間、世界の主導勢力は欧米各国であり、したがって北大西洋とこれを挟む欧米が世界の中心であった。しかし今や、日一日と、世界の中心がインド太平洋へと移っているのである。

インド太平洋国家としてのアメリカと友好国としての台湾

ネイティブ・アメリカンの人びとの歴史を別として、ヨーロッパの人びとがアメリカと出会ったのは十五世紀末、コロンブスのアメリカ大陸到着あたりからだろう。しかし、かつて「コロンブスのアメリカ大陸発見」と称して誰も疑問を抱かなかった、ヨーロッパ白人中心史観は今では通用しない。コロンブスが「発見」するよりはるか以前から、ネイティブ・アメリカンの人たちは北アメリカの各地に集落を築き、暮らしてきたからである。それらの人々が、アメリカに生活の場を求めてやってきたヨーロッパからの宗教的避難民が、新たな物語を世界史に書き加えることになった。

その後の世界の重心が欧米であった時代において、アメリカの歴史は、東からやってきたヨーロッパの人びとによって綴られていった。スペイン、ポルトガルによる南アメリカ、中央アメリカにおける支配の拡大に続いて、十七世紀にはイギリス、そしてフランスによる北アメリカの「開拓」が拡大していった。その事実は、アメリカが太平洋国家というより大西洋国家であったことを如実に物語っている。

しかし、オブライエン大統領補佐官は、アメリカは建国の当初から太平洋国家であった、と断言した。すなわち「アメリカ独立革命からわずか八年後にアメリカの中国向けの最初の貿易船が出航し、インドにおいて最初の外交交渉を行ったのは一七九四年のことだった」と、上述のメッセージの冒頭に記した。だからアメリカ合衆国は、常に「インド太平洋国家だった（The United States is and always has been an Indo-Pacific nation.）」というのが、そもそもの書き出しなのである。

このように、事実を捻じ曲げてまでオブライエン補佐官はアメリカとインド太平洋地域との関係を強調した上で、近年、習近平政権の中国が、この地域やそこにある国家の自由と主権とを、中国共産党の描く「共通の運命（common destiny）」に従わせようとしていると指摘している。こうして中国による不正な影響力の拡大に対抗しようとしてきたのがトランプ政権の外交戦略であり、その基礎は二〇一七年の「国家安全保障戦略」に発し、二〇一八年二月の「自由で開かれたインド太平洋戦略枠組み」によって確定されたというのである。

また、アメリカ式の「自由で開かれたインド太平洋戦略」と共通する国際情勢ビジョンは、アメリカの同盟国と友好国の間では、すでに共有されているともオブライエンは述べている。すなわち、日本の「自由で開かれたインド太平洋構想」は当然として、オーストラリアの「インド太平洋構想」、インドの「全地域の安全と成長」政策、韓国の「新南方政策」そして東南アジア諸国連合（ＡＳＥＡＮ）の「インド太平洋概観」がそれである。さらに、今日ではフランスやドイツ、さらにはＥＵもインド太平洋のための政策構想を公表している。

そしてアメリカは、この戦略を同盟国と友好国（Allies and Partners）とともに推進することを表明している。ここでは、戦略枠組み本文中において、日米豪印の重要性が指摘されているが、中でも同盟国としての日本は「インド太平洋安全保障体制の柱（pillar of the Indo-Pacific security architecture.）」となることが期待されている。そして台湾の非対称戦における効果的な防衛戦略と防衛力の強化を図ることが明言され、さらには中国モデルの統治に対抗してアメリカの価値観、つまり自由と民主、そして法の支配が地域内で影響力を維持するために、民主主義を達成した日本、韓国、モンゴルそして台湾が、その成功を顕示すべきであると指摘した。つまり、台湾は主要な友好国の一つとして取り上げられている。

かつてニクソン政権のアメリカは、ソ連包囲網を形成するために、国交がなかった共産党の中国を取り込もうとし、キッシンジャー補佐官の秘密訪中と、ニクソン大統領の中国訪問を実現した。さらにカーター政権の一九七九年一月一日、それまで同盟国であった台湾の中華民国と国交を断絶して、北京の中華人民共和国と国交を結んだ。しかし今や、アメリカにとって最大の脅威は、共産党の中国となり、その中国と対抗するために台湾を友好国として遇することになったのである。また、アメリカの「自由で開かれたインド太平洋戦略」において、柱となるのは日米同盟であることをアメリカは明示している。つまり、今日のアメリカの国際戦略において、また、「自由で開かれたインド太平洋」を維持するために、台湾と日米同盟とは、ともに欠くべからざる構成要素なのである。

戦略枠組みに立ち入ってみれば、「自由で開かれたインド太平洋戦略」の課題は三つとされていた。すなわち、①インド太平洋地域で米国の優位を維持し、中国の非自由主義的な影響力拡大を阻止し、平和と繁栄を促進すること。②米国および同盟国への北朝鮮の脅威を取り除くこと。③公正で相互主義の貿易を促進しながら米国の全世界での経済的優位を進めること。以上である。

また、日本については、日本、韓国、オーストラリアの平和と安全保障についての意志と能力を高めさせることとし、次のような具体的な指針を示した。すなわち、①オーストラリア、インドと日本が米国の重要な同盟国である。②インド、日本、オーストラリア、米国の四辺形を基礎として構築する。③日米豪三ヶ国の協力関係を強化する。④韓国を同盟国として扱い、対北朝鮮だけではなく朝鮮半島の外でも貢献を求める。⑤日本を地域統合および技術進歩においてインド太平洋の安全保障構築の柱にする。以上である。

要するに、トランプ政権のインド太平洋戦略においては、日本を柱として、オーストラリア、インドとアメリカとの四辺形を構築し、韓国にも応分の責任を果たしてもらおうということであった。その「自由で開かれたインド太平洋戦略」をアメリカの国家安全保障の基礎におく決断をしたのは共和党のトランプ政権であったが、二〇二一年一月二十日、政権交代によって成立した民主党のバイデン政権は、オブライエン補佐官の思惑に沿って、その基本構図を引き継ぐことになった。これについては、後ほどさらに説明したい。

日米の「イコール・パートナーシップ」――二〇二〇年アーミテージ・ナイ報告書

日本に関しては、二〇二〇年十二月にCSIS（米・戦略国際問題研究所）の「第五次アーミテージ・ナイ報告書」が次のように述べていた。

この報告書は、アメリカと日本とのイコール・パートナーシップ、つまり対等な同盟関係を強調しており、今後もその強化を図ることとしている。また、日米同盟強化については超党派的なコンセンサスがあるとしつつ、日本は厳しい国家安全保障環境に直面しているのでしっかり対応してほしいと希望している。さらに、アメリカが日本を含むアジアおよび世界に対して戦略的リーダーとしての役割を果たせなくなっていたために、中国にチャンスを与える結果になったものだとしている。

同報告書の結論は、アメリカと日本とは、歴史上かつてないほどお互いを必要とする事態になっているとした上で、世界の中で日本は、発展性のある未来像を示すことによって、中国に対抗するために必要な地政学、経済、技術、統治能力という四点の戦略的課題のすべてにおいて、アメリカにとって不可欠な国であるとの認識を示している。

さらに、これとは別に、アメリカ、イギリス、オーストラリア、カナダ、ニュージーランドの五ヶ国による情報共有ネットワークである「ファイブ・アイズ（Five Eyes）」に日本を加えて、アメリカは「シックス・アイズ」の実現に向けて真剣に努力すべきであると提言した。

これに付言して、同レポートは韓国に言及して、日韓の緊張関係の解消が必要で、アメリカにとっても、両国が協力的でないと望ましくないと指摘している。

また、環太平洋経済連携（ＴＰＰ）について、失ってしまった当該地域の経済空間を取り戻し、日本と協力してルール作りを行うリーダーシップを得るための不可欠な手段であるとして、アメリカは参加すべきであると主張した。

戦略枠組みと台湾

次に、「インド太平洋戦略枠組み」の中で、台湾の安全保障と関係の深い第一列島線に言及したところについてみてみよう。

中国は、台湾に中国との統一を強要するために、さらに一層強い手段を用いる可能性があるので、中国による米国およびその同盟国に対する武力行使を抑止するためとして、次の各点を明らかにした。すなわち、①紛争時に中国に第一列島線内の制空・制海権を与えない。②アメリカは、台湾を含めた第一列島線に位置する国や地域を防衛する。③第一列島線内のすべての領域で支配力を維持する。以上である。

つまりアメリカは第一列島線内および線上の国ぐに、そして線外の領域を守ることを明らかにしたのである。具体的には、韓国、台湾、モンゴルおよび日本をその対象として例示している。

第二節　人権重視のバイデン政権と独裁強化の習近平政権

バイデン大統領就任演説に登場した人たち

二〇二一年一月二十日、アメリカのワシントンDCにおいて、民主党バイデン大統領の就任式典がコロナ禍の制約の中で厳かに開催された。

バイデン大統領は、就任宣誓はジョージ・ワシントン以来同じであると述べたのを除いて、就任演説の中で五人の人物に言及した。それは第三十九代大統領のジミー・カーター、第十六代大統領のエイブラハム・リンカーンという二人のほか、黒人の公民権運動で活躍したマルチン・ルーサー・キング牧師、カマラ・ハリス副大統領、そして聖アウグスティヌスである。同じ民主党選出の直近の大統領、オバマ氏には言及しなかった。

この演説でバイデン大統領は、分断状況がつづくアメリカ社会、とりわけ大統領選挙戦および投票結果を巡る民主党支持者と共和党支持者の対立を前提に、団結・一体化を呼びかけた。そしてアメリカが一つとなるために、すべてのアメリカ国民が共通して愛すべき対象として、機会、安全、自由、尊厳、尊敬、名誉、真実という価値を列挙した。

前述の五人と、これらの価値観を考えあわせれば、バイデン大統領が重視しているのは、人間の自由意志、差別の撤廃と平等、そして基本的人権の尊重である。そして国家は、バイデン流に言えば、ただ単に肉欲を満たす「地の国」であるにとどまらず、「愛の共同体」であるべきだということになろう。

この就任演説では、分断されたアメリカの統合について、そして新型コロナウイルス感染拡大で傷ついた国民、生活の修復など国内のあるべき姿について縷々述べたが、国際関係に関しては、アメリカは「同盟関係を修復し、再び世界に関与し、力を規範として先頭に立つのではなく、模範を示すことによって先導する。平和と進歩、安全保障のための強力で信頼できるパートナーになる」とだけ述べた。

そして結論部分では「アメリカは国内においては自由を擁護し、世界におけるかがり火（Beacon）になる」と宣言した。

習近平独裁を公言した「中国共産党創立百周年」演説

この言葉は、二〇二一年七月一日、中国共産党結党百年祝賀大会で習近平国家主席が語った言葉と鋭い対象をなす。すなわち、習近平主席はこの演説の中で過去百年間について中国共産党が中国人民を指導してきたと繰り返し述べ、さらに未来を開くときは「必ず中国共産党の強固な指導を堅持しなければならない」と宣言した。他のいかなる存在も国家の指導的立場につくことは許されず、そこに選択肢はない。しかもこれからの新たな途において、単に共産党の全面的指導を堅持するだけではなく、共産党の指導を絶えず完全にし、「四つの意識」すなわち政治意識、大局意識、核心意識、一致意識を強め、「四つの自信」すなわち中国の特色ある社会主義の道の自信、理論の自信、制度の自信、文化の自信を固め、最終的に「二つの守る」を銘記して、共産党がもつ全体を統括し、各方面を調整する指導・中核機能を十分に発揮させなければならないとしている。ところで、この「二つの守る」とは、習近平総書記の党中央の核心、全党の核心としての地位を守り、習近平同志を核心とする党中央の権威と集中統一指導を守ることだというのである。

なんのことはない、習近平がただ一人で共産党を集中指導する地位、権威を守らなければならないのであり、その共産党が、中国全体を、そして中国人民を強固に指導しなければならないのである。そこには自由で開かれた価値観はなく、個人や一つの政党を超えた法の支配、正義の貫徹はない。

そして香港で、新疆（しんきょう）ウイグル地区で、人々の自由が抑圧され、民意の表出を禁じられていることに明らかなように、一人の指導者、一つの共産党と一致しない一切の主張、言動は、封殺されるのである。

ちなみに、中国共産党百周年祝賀大会での習近平演説は、我々日本人が学んできた中国史の事実を真っ向から否定する歴史観を提示した。

すなわち、習近平総書記は「中国は常に世界平和の建設者、世界発展の貢献者、国際秩序の擁護者」であるとし、さらに「中国人民はこれまでに一度も他国の人民をいじめ、抑圧し、隷属させたことはなく、これは過去にも、現在にもなく、また今後もありえない」と述べたのである。我々が学んだ中国史では、中国は、秦の始皇帝が中国統一を図ったとき、秦の周辺諸国は軍事力をもって併呑されたし、漢も、宋も明も、まして元や清は、その支配領域を拡大して、中華の中心地から遠く離れたモンゴルや満洲、チベット、さらには日本沿岸まで軍事侵攻を企ててきたということではなかったか。習近平は、その中国史を真っ向から否定しているのである。

このように白を黒と言い、黒を白と言う絶対権力が、今や思想統制を強化し、個々の家庭教育にまで介在しようとしている。

家庭のしつけにまで介入する中国共産党

習近平の中国共産党は、すでにマルクス・レーニン主義の中国化、キリスト教やイスラム教の中国化、あるいはチベット人やウイグル族の中国化を進めてきた。そして国内随所に設置された六億五千万台超といわれる顔認証監視カメラで、市民一人一人の行動を監視し、発達したITとAI技術を駆使してSNSの言論をチェックしてきた。

これに加えて、二〇二一年八月下旬には教育省が、小学校から大学院までの教材に「習近平による新時代の中国の特色ある社会主義思想」を全面的に取り入れさせる指針を出した。ここで教育されるべき思想には、強軍の必要性や台湾統一、南シナ海への海洋進出の正当化なども含まれる。さらに十月十一日までに、民間企業が報道事業に参入することを禁止する規制案が公表された。すなわち、民間企業が新聞社やテレビ局、インターネットニュース運営会社に出資したり、経営したりしてはいけないと規定している。

極めつけは、十月二十四日に「家庭教育促進法」が制定されたことである。これによると、家庭教育への保護者の意識向上を狙って、子供の著しい不良行為に関して保護者に訓戒を行うことを定めた。つまり、中国共産党あるいは政府は、家庭教育にまで介入しようとしている。同法の審議は二〇二一年になってから一月と八月に行われて、十月十九日から三度目の審議を経て二十四日に可決した。

同法によると、「道徳と品格、知識と技能、文化的教養、生活習慣などの育成」を家庭教育として規定し、保護者に対して未成年者の学習習慣や自主学習能力のほか、心身の健康や運動、十分な睡眠などを確実にとらせることを求めることとしている。さらには、共産党や祖国としての中国、社会主義を愛し、国家の統一や民族団結を守る意識を確立することも必要とされている。その上で、公安機関が、未成年者が著しい不良行為や犯罪行為を行っていることを見つけた場合、保護者を訓戒したり、家庭教育について指導を受けるように命じることが可能になる。つまり、家庭内で、自由と民主主義や民族自決について子供に語っている父母は、国家から訓戒を受け、さらには研修への参加を強要されることになるらしい。

同法制定の背景には、中国における過度の学歴社会化があり、保護者は自らの子女の学業成績を重視するあまり、生活については適切なしつけが行われていないとされ、また学業の過度の負担が子どもに悪影響を与えていることがあるとされる。一方、インターネットやネットゲームについて、しつけを怠る保護者がいるとして、ネットゲームについては、週に三時間までとする規制がかけられている。

それればかりではなく、習近平政権では教育に関する統制が強化されており、既存の学習塾を非営利組織とし、小学校三年から六年生の宿題時間は六十分以内、中学生は九十分以内にするなどの具体的な規制措置も示されている。

しかし、これらの法制が権力機構によって執行されることになれば、本来、個人の生活のプライバシーの中核である家庭に国家権力がいつでも介入できる道を拓くことになる。家庭教育における愛国心や、中国による台湾、チベット、ウイグル、香港の隷属化、社会主義と共産党支配の正当性意識の涵養までが、すべて国家管理の対象となる。つまり、国民個々の言動という外に現れる表象だけでなく、内面まで立ち至って介入しようとする、人格への統制の始まりである。

そこには自由で開かれた地域の構築と維持という、日本やアメリアその他民主主義圏の国家と国民のあり方とは鋭い対照をなす、不自由で閉鎖的な国家の、コントロール・フリークの行き着く果てともいうべき光景が広がっている。

二〇三〇年の世界

二〇二〇年十二月、イギリスの経済ビジネス研究センター（Centre for Economics and Business Research：以下CEBRとする）が、世界各国経済の未来展望（World Economic League Table）について発表した。同研究センターは、二〇〇九年から同様の見通しを発表してきたが、今回の発表では従来の予想を修正して、中国経済が想定より早くアメリカ経済を追い抜き、世界一になるとした。

周知のように、中国経済の成長は著しく、十四億を超える世界最大の人口を背景に、労働力も大きく、しかも市場としても大きいところから、技術革新の進展とともに中国経済は順調に発展して、近い将来にアメリカを抜くという予想はかなり一般的であった。アメリカの人口は三億三千万ほどで、これも増加傾向を続けているが、中国と比べれば四分の一に過ぎない。つまりアメリカの四倍の人口を抱える中国において、一人当たりＧＤＰが増大してきた結果、中国は世界最大の消費市場になり、なおかつその労働力によって生産力を確保できるという見立てである。しかも、習近平政権は「中国製造二〇二五」というプログラムを推進して、科学技術の発展を求め、それを実用化して、産業技術においても世界最高の水準を実現して、中国の科学技術がグローバル・スタンダードになる世界にしようとしている。そうなれば、中国が世界一のＧＤＰを達成することは間違いなく、アメリカもその後塵を拝するようになる。

習近平が二〇一八年の中国共産党大会の政治報告演説で語った、第一段階の完成が二〇三五年、最終的には二〇五〇年もしくは中華人民共和国建国百年の二〇四九年に、中国が世界強国となるという目標は、それほど待たなくても実現しそうな趨勢にある。

イギリスの経済ビジネス研究センターの二〇一九年の予想では、その日は二〇三三年に来るということだった。予想した時点から十四年ほど後ということである。ところが、二〇二〇年末の予想では、その日は二〇二八年とされ、一年前の予想より五年も早くなった。その要因は、二〇一九年末に中国の武漢から伝播して世界に拡大した新型コロナウイルス感染の影響である。中国では、二〇二〇年一月から武漢および湖南省で爆発的に感染が拡大し、四千人を超える死者を出したが、一党独裁国家の強権発動で、本格的な都市封鎖を早期に導入し、それ以上の被害の拡大を抑え込んだ。その後も、各地で散発的に感染がみられたが、当初の爆発的な勢いはそこにはなかった。

これに対してアメリカでは、二月の中旬を過ぎてからパンデミック状態となったが、それは燎原の火のごとくに燃え広がり、ニューヨークでは医療崩壊状態を呈して死者が激増し、二〇二一年九月末までに七十万人を超えて、二十世紀から今日までの数々の戦争における合計死者数を超えるアメリカ人が、コロナウイルスの凶刃に倒れる結果となった。

その影響は当然に経済統計数字に反映して、二〇二〇年後半には急速な経済回復傾向を示した中国経済と異なり、同時期のアメリカ経済の回復はスローペースとなった。これがそれぞれの国のGDPの将来発展予想に投影されて、上記の五年前倒しという結果になったようだ。

このレポートでは、米中両大国の経済力の逆転が描かれたばかりではなく、世界第二の人口大国インドの将来についても予想している。CEBRによれば、二〇二〇年の中国の経済成長率が二%、二〇二一年には五%であるのに対して、インドでは、二〇二〇年には三%、二〇二一年には八%という大きな数字が示された。

その後もインド経済が順調に成長し続けるとすれば、インドは二〇二五年にはイギリスを、二〇三〇年には日本を抜いて、その時点で米中に次ぐ世界第三位の経済大国になる。実は、CEBRは人口推計も取り上げており、それによると二〇二七年にはインドが中国を抜いて世界一の人口大国になると想定した。そうなると、二〇三〇年の世界では、人口世界一はインドで、そのインドが経済力では世界第三位、中国のGDPは世界一だが人口では世界第二位ということになる。このとき、すでに世界一となった人口を背景に、経済力でも猛追するインドの存在は、国際社会において大きなインパクトを持つと予想される。

というのは、二〇〇〇年から二〇〇九年の中国がまさにそうだったからである。この間の中国は人口では世界一、経済力では世界で第三位であった。しかしその頃、すでに、中国が遠からずアメリカ経済を抜いて、世界一の人口大国中国がGDPでも世界一になる、と予言されていたのである。だとすれば二〇三〇年には人口で世界一となり、経済成長著しいインドが中国を抜く日も遠くない、と予想されても不自然ではない。

つまり、国際情勢を決める要因には、現時点での人口や経済力、軍事力その他の状況だけではなく、近い将来の見通しがある。見通せる将来において、人口、経済力、軍事力がどうなるかという、蓋然性はあっても不確実性を含む国家イメージが、現実の国力と同じように国際政治に影を落とす。本来は、未来予想の不確実性は周知の事実であるが、あたかも確定された事実であるかのように強く人々の心を拘束して、曖昧な近未来イメージが実際の国力に代わって現実に影響を与えるのである。

第三節　中国の対外戦略――「超限戦」と「三戦」

習近平の「台湾同胞に告げる書四十周年」記念演説

次に、中国の対外戦略について見てみよう。

周知のとおり、一九九九年に喬良と王湘穂という現役の高級軍人が著した『超限戦』に、今日の中国の総合戦略の一端が描かれている。そこには「あらゆるものが手段となり、あらゆるところに情報が伝わり、あらゆるところが戦場になりうる。すべての兵器と技術が組み合わされ、戦争と非戦争、軍事と非軍事という全く別の世界の間に横たわっていたすべての境界が打ち破られる」と述べられている。

この論調から考えると、一部の論者が用いる「米中冷戦」において米中対立がエスカレートしていった場合、最終的には戦争に至る可能性がある、という論理は正しくないのである。

すなわち、中国では「世論戦」「心理戦」と「法律戦」を合わせた「三戦」（二〇〇三年中国共産党中央委員会・中央軍事委員会で採択）という戦略の下、組織破壊活動を意味する「瓦解工作」、心理的攻撃への対抗措置である「反心理工作」、敵の内部に入り込んで行われる秘密裏の寝返り工作への対抗措置である「反策反工作」、そして法律に関する作戦行動である「軍事司法および法律服務工作」をすでに実施しているのである。

例えば、二〇二〇年六月三十日に「香港国家安全維持法」が施行されたが、これには次のような経緯があった。

二〇一九年一月二日、習近平国家主席は「台湾同胞に告げる書四十周年」の記念演説を行った。これは一九七九年一月一日、米中国交正常化によってアメリカと国交断絶となった台湾の中華民国の人びとに対して、平和的手段を第一とする中国との統合を呼びかけた時から四十年が経過したことを記念したものである。

この演説で習近平は、古来、台湾は中国とは分かつことのできない一部分であり、その祖国統一は全民族の前途に関わる重大な任務であるとの認識を示した。また、一九七九年一月一日の米中国交正常化と、アメリカと台湾の中華民国の断交の際、鄧小平の中国は、それまで定期的かつ継続的に行われていた、厦門に隣接する台湾側支配地域である金門島への砲撃を中止するよう人民解放軍に命令したという故事に触れた。これによって、神聖な使命としてできるだけ早く実現すべき祖国統一のために、相互に貿易を発展させ、経済の交流を進めることとして「一国二制度」による平和的統一を「台湾同胞」に呼びかけたわけである。その「台湾同胞に告げる書」四十周年にあたって、習近平は、改めて中国人は同じ中国人を戦いの相手にしないと述べた。他方、中国政府は、武力使用の放棄を約束せず、あらゆる必要な措置を取るという選択肢を維持したのである。ただしこれは、外部勢力による干渉と、極めて少数の「台湾独立」分裂勢力および分裂活動に対するものである、と限定条件を付けた。

これは、どのように評価したらよいだろうか。

一九九七年六月三十日をもって香港が中国に返還されたとき、五十年間の「一国二制度」が中英両国間で合意されていたが、「一国二制度」は元来、台湾併呑（へいどん）のために鄧小平時代に考案されたものである。香港の場合、一九八四年の中英合意によれば、九七年の返還時に中国の国家主権に復するが、政治・経済的にはそれまでの英国統治時代の体制を維持して、立法会には民主的な手続きで議員が選出されるほか、市場経済と私有財産制、言論の自由など、中国本土とは別の制度が五十年間保障されることになっていた。

これと同じように、台湾についても、一定期間「一国二制度」を保障することで、平和裏に中国が併合しようとする提案であった。その呼びかけから四十年、二〇一九年一月二日に習近平が再度これを持ち出したわけだ。しかし、それには付帯条件が付いていた。それが武力行使を放棄せず、あらゆる手段を講ずる可能性を否定しないことだった。これでは平和的統一の呼びかけとは言えない。そこで、そうしたハードな条件の使用は二つの特殊な状況に限定するというのが習近平の言い分である。それが①外部勢力による干渉、②極少数の「台湾独立」分裂勢力および分裂活動を相手にする場合である。

ところで、①はアメリカやその他の国がなんらかの手段を用いて台湾の独立を煽動し、台湾内部で行動を起こす場合ということだが、一般的にいって台湾支援の結果として中国による台湾への武力行使を招くとなれば、どこの国でもそうした行動はとりにくいだろう。つまりは、中国による他国への警告であり、脅しである。軍事大国にして一党独裁の中国によるこの手の脅しは、国際政治において有効である。普通であれば、その危険を冒したいとは思わない。

もう一つは事実に反する仮定である。すなわち、現在の台湾では、「台湾は中国とは別の台湾である」と考える、いわゆる台湾アイデンティティを抱く国民が八割に達している。その意味では、「台湾独立」分裂勢力は決して極めて少数などではなく大多数である。しかし、中国からの武力発動を招くということになれば、あえて「台湾独立」の旗を高く掲げて行動する台湾人は「きわめて少数」になるかもしれない。少なくとも、国民の生命財産を守るべき民主主義国家の政府であれば、滅多なことでは国民生活を危険に晒すリスクをあえて冒すことはない。つまり、民進党政権でも、容易に中国が「台湾独立」の行動とみなす挙に出ることはできなくなる。さらには、こうした中国の警告を目の当たりにした台湾の一般市民の中には、中国と敵対的になることは自分たちの生存と経済活動への脅威になると考え、対中政策において中国の主張に迎合する、あるいはそれを受け入れようとする者が増えても不思議ではない。

総統選挙一年前のタイミングで、習近平がこうした演説を行ったことは、同じ中国語を解する台湾の人びとに対して、「台湾独立」の政治勢力や言論から遠ざかって、対中融和の勢力や言論の勢力拡張の後押しをしようとするものでもあったと考えられる。これもまた、中国が台湾にしかけた「超限戦」「三戦」の世論戦の実践例といえよう。

しかし、習近平演説が台湾に及ぼした効果は、中国共産党政府が期待したものとは異なる結果となった。

「韓流ブーム」の背景

二〇一八年の台湾では、十一月の統一地方選挙と十種の国民投票において、民進党の蔡英文政権は大きな挫折を経験していた。すなわち、元来は民進党の金城湯池と目されていた高雄市において、国民党の新星・韓国瑜候補が旋風を巻き起こした。韓国瑜は、台北の青果市場の社長であり、元来、高雄市とは縁もゆかりもなかったが、高雄市長選挙に有力な候補をもたない国民党では、南部に影響力がある元立法院長の王金平が、それまでの国民党の有力政治家とはかけはなれた庶民性あふれるキャラクターに可能性を見出して、韓国瑜を市長候補にしつらえた。すると、庶民的パフォーマンスが国民党支持者だけではなく中間層にも浸透して、八月下旬以後に「韓国瑜ブーム」いわゆる「韓流ブーム」が席巻する事態になった。その勢いは高雄市だけに収まらず、雲林県、台中市、彰化県など中部にまで波及し、結果的に、国民党が二十二県市のうち過半数の十六県市の首長を獲得する予想外の大勝を得た。

なお、「韓流ブーム」の背景には、中国発の大量のＳＮＳの台湾国内への流布と、中国資本あるいは親中資本を後ろ盾とした、台湾のテレビ、新聞などマスコミの支援があった。つまり、中国の世論戦の発動が、国民党大勝をもたらした「韓流ブーム」の背後にあった。その影響を被ったのは民進党候補者だけでなく、無所属の現職として再選を目指した柯文哲台北市長の陣営も同じだった。中立性を欠き、国民党候補支援のマスコミに加えて中国発のＳＮＳの煽りを受け、柯文哲候補の動向を有権者に伝えることが極めて困難になった、と柯文哲選対関係者が証言している。結果的に当選したものの、即日開票は大接戦となり、柯文哲の再選が決まったのは日付が変わって翌午前二時ころ、同日のすべての選挙の最後であった。

ところで、この統一地方選挙は、十種類の国民投票と同時投票となったため、有権者は投票所において少なくとも県市長および県市議会議員への投票と合わせて十二種類の票を順次投じるという前代未聞の手間のかかる選挙となった。それゆえ一人一人の投票に要する時間が長くなり、投票終了予定時間の午後四時になっても投票所には長蛇の列が残されていたため、投票所に並んでいた有権者の投票終了が、最も遅いところで午後七時四十分になるという混乱を呈した。

実はこの日、昼間から各地の投票所で、一時間、二時間の投票待ちの行列が見られた。しかも、行列がなく、四時に投票を締め切った投票所では、準備ができると順次票集計を始めて、その開票状況は中央選管に報告されるとともに公開された。つまり、五時、六時以後に投票することになった有権者は、各地の開票状況をスマホで確認しながら自分の投票を決められる事態になっていた。

いずれにしても、この選挙で蔡英文民進党政権は支持率を大幅に下げ、二〇二〇年一月の総統選挙での再選に向けて黄信号が灯る状況となった。

蔡英文の求心力を高めた習近平演説

この選挙で当選した県市長は、規定により十二月二十五日に就任したから、習近平の演説は、韓国瑜など新任市長の初登庁からわずか一週間余りのタイミングであった。つまり、中国政府としては、対中融和的な、一つの中国を主張している国民党の勢いが増して、台湾各地に浸透する一方、台湾の自立を謳ういわゆる「台湾独立」の民進党の党勢に陰りが見えたなかで「一国二制度」による台湾の中国への平和的統一を改めて呼びかけたわけである。また、「台湾独立」論の危険性について警告を発することで、続く総統選挙で中国にとってより好ましい候補者を当選させるための「台湾同胞に告げる書四十周年」談話であった。

しかし、この談話を受けて台湾では蔡英文総統がただちにこれに反駁する声明を公表した。すなわち、二〇一六年五月二十日の総統就任以来、民進党の蔡英文総統は、一つの中国を意味する「九二年コンセンサス」の承認を拒否していたが、対中関係については基本的に現状維持の路線であって、世界に向けていわゆる「台湾独立」のメッセージを発したことはなかった。

実は、二〇一六年一月の総統選挙で六百八十九万票余りを得て、三百八十一万票の国民党朱立倫候補の一・八倍の得票で圧勝し、同日の立法院選挙でも蔡英文総統の与党民進党が六十八議席を占め、議会の単独過半数を得ていたことから、蔡英文総統の慎重な姿勢は、一部の民進党支持者の中で不評であった。総統と議会を掌握する「完全執政」を実現した以上、台湾は中国ではないという民進党の年来の主張を展開すべきだとする声があったためである。二〇一八年十一月の統一地方選挙と同時に行われた国民投票の項目の一つに、「東京オリンピックに台湾名義での参加申請を求める」ことへの可否が掲げられたが、この問題への対処でも民進党内に不一致があった。すなわち、台湾の「中華オリンピック委員会」は国民投票を前にした十一月十六日、参加名称の変更申請は選手の出場権に確実に影響を及ぼすとして、反対票を投じるよう公式サイトで呼び掛けた。これについて、蔡英文政権が「台湾名義」を推進しようとしなかったことに、民進党支持層の一部が不満に想ったのである。

結局、この提案は十一月二十四日の公民投票の結果、賛成四百七十六万票（四五・二％）に対して反対五百七十七万票（五四・八％）で否決された。

ところが、一月二日の習近平談話に対して、蔡英文総統は同日午後にただちに談話を発表して、「我々はいまだかつて『九二コンセンサス』を受け入れたことがないことを強調しなければならない。その根本的理由は、北京当局が定義した『九二コンセンサス』が、つまりは『一つの中国』、『一国二制度』であるからだ。きょうの習近平氏の談話は、我々の懸念が正しかったことを証明した。ここで私は重ねて主張する。台湾は断固として『一国二制度』を受け入れない。台湾の民意の圧倒的多数は『一国二制度』に強く反対しており、これは『台湾コンセンサス』である。」とし、「中国は中華民国台湾が存在するという事実を直視すべきであり、台湾住民が共同で確立した民主国家体制を否定してはならない」とする立場を鮮明にした。この迅速な対応は、前年十一月の統一地方選挙における敗北で、求心力が弱まっていた蔡英文総統の、民進党内における求心力を高める効果をもった。

アメリカの台湾支援立法

これに対して、ある意味で「法律戦」で対抗しているのがアメリカである。法治国家であれば、政策的対応が法律制定の形をとることは当然のことである。

中国の台湾併呑路線の強化、現状変更の覇権的行動の顕在化に対抗して、アメリカが明確に台湾への支援、台湾の取り扱いの格上げを図るようになったのはトランプ政権二年目の二〇一八年のことである。これはアメリカがトランプ政権の下で「国家安全保障戦略」を策定し、その中で中国との対抗と台湾への支援を明確化し、さらに冒頭の「自由で開かれたインド太平洋戦略枠組み」が制定されたころと軌を一にする。ただし、アメリカは日本のような議院内閣制とは異なり、三権分立が明確な国家体制をとっており、立法はもっぱら議会の専権事項であって、大統領官邸の主導力は限定的である。

いずれにしても二〇一八年三月には台湾旅行法が制定されて、アメリカ政府、軍の高官の台湾訪問の促進に法的裏付けが得られ、また合わせて台湾の政府および軍の高官のアメリカ訪問が認められることとなった。また夏には二〇一九年国防授権法によって、台湾への武器の売却と台湾旅行法の積極的執行およびＲＩＭＰＡＣ（環太平洋合同演習）への台湾軍の参加の招聘などが立法化されていく。

こうしたなかで二〇一八年十二月三十一日トランプ大統領は、アメリカの上下両院を通過していた「アジア再保証推進法」に署名した。同法は、両院の圧倒的多数の支持で通過していたから、大統領署名がなくても発効する予定だったが、大統領はあえて大みそかに署名して発効させた。これは、アメリカから見れば一九七九年一月一日の米中国交正常化、つまりはアメリカと中華民国台湾との断交四十周年を前に、今のアメリカの台湾に対する姿勢を明らかにしておこうとする明確な意思表示として行われた。世界は、習近平の「台湾同胞に告げる書四十周年」記念談話に注目したが、言ってみれば、トランプ大統領はそれに一歩先んじて行動していた。あるいは、アメリカ議会は、それを見越して早くに行動を起こしていたことになる。

その内容は以下の通りである。

「米国は台湾との密接な政治、経済、安全保障の関係を支持する」

「米国大統領は、中国の脅威に対抗するため、台湾の防衛のために武器を恒常的に売却し、非対称防衛力、可動的で維持可能で経済的な防衛力の発展を支持すべきである」

「米大統領は台湾旅行法による米国政府高官の台湾訪問を促進すべきである」

以上のように、アメリカ議会は、台湾との断交四十年にあたり、中国共産党習近平の、台湾併合への意思表示を前に、台湾防衛の意図を明らかにし、それをトランプ大統領が裏書していたのである。

香港情勢と連動する台湾選挙

二〇一九年の香港では三月に逃亡犯引渡し条例の改正案が立法会において成立しようとしていた。この問題は、元は香港人の若いカップルが台湾に旅行に行って起こしたトラブルに発した問題である。すなわち、香港人カップルが台湾旅行中に仲たがいして、女性が別の男性と関係をもったとする喧嘩から殺人事件に発展した。彼女を殺害した男性は死体を遺棄して、そのまま香港に逃げ帰ってしまった。

さて、捜査の結果、犯人は特定されたが、台湾と香港の間には犯罪人引渡条例は存在しないし、そもそも香港では人権擁護のために、条例、協定を結んでいない相手国、地域に犯罪者の引き渡しはしないことになっている。引渡しをしない地域には、香港以外の中国が含まれていた。つまり、三権分立がなく、政治的判断で司法が判決を下す中国には、香港人を引き渡すことができないことになっていた。さて、台湾での事例については、誠に微妙である。台湾は、香港の法制から見れば中国の一部である。まさに一つの中国の中に含まれている。台湾側に言わせれば、台湾が中華人民共和国の一部であるはずがないが、中華人民共和国の主張では、台湾は中華人民共和国の不可分の一部である。したがって、十分に法治主義と法の支配が実現している台湾の司法機関によって香港に対して犯罪人の引き渡しが要求されても、香港としてはこれを引き渡すことはできない。

この問題を法的に解決するためには、香港は中国に対して犯罪人の引き渡しができるという法改正をすることになる。ところが、この法改正をすると、対象となる中国というのは台湾だけではなく、北京や上海、南京を含む中国全土ということになる。そうすると、台湾ではなく中国本土からの犯罪人引渡し請求にも香港が応じることになってしまう。この場合、通常の刑事犯だけではなく、政治犯について、もしくは刑事事件を理由として実は政治的理由の犯人引渡しを要求されることが想定される。

一旦、中国に引き渡されてしまえば、中国では、司法権は行政権から独立していないし、西欧的基準の基本的人権の保障がないから、時の中国政府から見て反政府的であるとか、好ましくないと判断されれば、あるいは台湾やチベット、ウイグル族地区の中華人民共和国政府からの分離独立や、民族自決による民主主義の達成について主張している人物や団体は、逮捕投獄、最悪の場合死刑の対象になってしまうかもしれない。

　これに気づいた香港の人びとは、逃亡犯引渡し条例の改訂に反対して、街頭に繰り出してデモンストレーションを行うようになった。三月三十一日には一万二千人の小規模なデモだったが、四月二十八日は十三万人に拡大し、六月九日には百三万人という大規模デモとなった。しかも、世界二十九都市でも香港市民を支援する同時デモが行われた。これによって、世界の人びとが香港の異変を知るようになった。六月十二日には、数千人規模ではあったが、香港市民が立法会の議場を包囲して集会を開催したため、警察によって武力鎮圧される事態となった。

　このような状況に驚愕したキャリー・ラム（林鄭月娥）香港特別行政区行政長官は、六月十五日に同条例の改訂のための審議を無期延期すると発表した。しかしこの日、香港中心部のパシフィックプレイスで、三十五歳の男性が抗議の自殺を遂げた。これを受けて翌日、六月十六日には、史上最大規模の二百万人の市民デモが発生した。このレベルになると、学生や行動的な若者の政治運動というより、老若男女を巻き込んだ市民の大抗議行動そのものである。ここまでくるとキャリー・ラム行政長官は、条例改定を放棄するしかなかった。

　しかし、時はちょうど香港からほど近い大阪でG20首脳会議が二十八、二十九日の両日に開催される直前であり、世界の主要国首脳に事態を知らしめる好機だということで、改正案の撤回を求める学生らは六月二十六日に、朝から香港にある中国以外のG20参加国の総領事館などを陳情に回った。議長国である日本の総領事館前では、協力を求める文書を日本語で読み上げるなどの抗議行動を行った。

同夜には改めて市民のデモがあり、香港中心部の広場や周辺一帯は、抗議を表す黒い服に身を包んだ住民らで埋め尽くされた。

他方、大阪では、「習主席の政治的尊厳を守るべきだ」として、中国政府から日本政府に対処を強く要求してきていた。

さらに香港の中国返還記念日である七月一日には五十五万人（警察発表で十九万人）が、七月七日には二十三万人（警察発表では八万人）が続いた。

結局のところ、香港の立法会での逃亡犯引渡し条例の改訂は、中国政府が、二〇四七年までの「一国二制度」の中英合意に反して、司法的に香港を中国の一部に取り込むことを意味するものだった。中国政府からみると、それを香港特別行政府の主導で香港の立法会によって決めさせようとしたところ、香港の広範な市民からの抗議によって、条例の改訂を取りやめなければならなくなった。しかも、市民の声は、条例改定阻止にとどまらず、キャリー・ラム行政長官の辞任を求める世論のうねりとなってしまった。

この香港市民による、司法の中国化阻止の声の高まりは、中国政府に危機感を持たせる結果になった。さらには、この時進行中だった台湾の総統選挙にも大きな影響を与えることになった。すなわち、「今日の香港は明日の台湾」という声が、台湾で高まったことである。習近平が一月二日に語った「一国二制度」が、香港において風前の灯となり、「逃亡犯引渡し条例」改定を通して、香港が中国本土と司法的に一体化されようとする経過を台湾の人々が目の当たりにした結果、中国への拒否感が高まり「台湾アイデンティティ」が高揚したのである。

こうして、二〇二〇年一月の総統選挙では、史上最高の八百十七万票を得た蔡英文総統が、国民党の韓国瑜（得票数五百五十二万票）に二百六十五万票の大差をつけて再選されることになった。つまり、二〇一八年統一地方選挙の結果から、台湾に対して強気に出た習近平の諸施策は、台湾では台湾アイデンティティの高まりと民進党蔡英文の再選、香港では空前の二百万人超の反中国デモと「逃亡犯引渡し条例」改定の失敗、さらにはキャリー・ラム行政長官への辞任圧力という予期せざる結果に終わった。

香港の国家安全維持法の制定

しかし、二〇一九年六月に香港の自由と民主主義が、特別行政府の方針による立法を阻止する力を示したことに衝撃を受け、危機感を抱いた習近平指導部は、香港特別行政府による法改正ではなく中国中央政府による直接の事態収拾を図ることにした。

すなわち二〇二〇年五月十八日、コロナ禍のために遅れて開催された第十三期全国人民代表大会の常務委員会十八回会議に、「香港が国家安全を維持するための法制度と執行メカニズムの確立に関する決定案」（通称、香港国家安全法）を提出した。一九九七年の香港の中国への返還、中国から見ると「香港回収」以来、香港特別行政区基本法によって一国二制度が定められる一方、香港内部の法規は立法会で制定され、治安維持は香港警察に委ねられてきた。しかし、習近平政権は、香港に限定される内部の規定を、中国の中央政府の手で制定することにしたものであり、しかも、香港に中国中央政府が派遣する治安機構を設置しようとするものであった。

同法案は、五月二十二日に第十三期全人代第三回会議に提出され、同月二十八日に修正、採択された。つまり、中国の最高国家機関である全国人民代表大会の二〇二〇年会議において、「香港国家安全法」の制定が決定した。

その後、同法は全国人民代表大会常務委員会においてさらに詳細の検討がなされ、六月三十日に同委員会において「香港国家安全維持法」として、「香港特別行政区基本法」の付属文書に追加されることになった。香港の内部統制の法規であれば香港の立法会で制定されるべきだが、香港統治の基本法である「香港特別行政区基本法」は中央の法規であるので、その法規の付属文書は中央政府の一存で制定できる。この手法で香港の内部統制のための法規を全人代常務委員会が制定したのである。なお、同常務委員会で「香港国家安全維持法」は、百六十二票の全会一致で可決された。そして習近平国家主席と林鄭月娥行政長官の公布によって、現地時間六月三十日夜十一時より、つまり可決した日の深夜に、施行された。

林鄭月娥行政長官は、同法について国家安全保障の「隙間」を埋めるものだと肯定したが、実は、香港国家安全維持法の詳細は厳重に秘密にされており、林行政長官自身、同法の草案を見ていなかったことを認めたほどである。さて、問題はその中身である。

伝えられたところによれば、同法は香港の永住者と非永住者の両方に適用される。つまり、日本人のビジネスマンなども対象となる。その罰則規定では、国家からの離脱、転覆行為、テロリズム、香港に介入する外国勢力との結託といった犯罪の場合には、最低で懲役三年、最高で無期懲役が科されるとされている。

また、中国中央政府と香港の地方政府に対して憎悪を煽る行為は同法に抵触し、公共交通機関の施設を損傷する行為はテロリズムとみなされる可能性がある。また、有罪となった者は公職に立候補できない。ただし、立法会の選挙については、その後、立候補に公的機関の審査にパスすることが必要という制度にされたので、そもそも民主派は立候補が不可能となった。そればかりか、現職の排除まで行われている。

中国中央政府は香港に新たな保安施設として「国家安全維持公署」を設置し、独自の法執行官を配置することとなった。その法執行官は、香港の地元当局の管轄外である。つまり、従来の香港警察は、香港人として生活し、香港の民主を知る人々が警察官となっていたが、新たな組織では、中国本土の生活感覚、治安感覚の人間がその執行にあたることになる。これによって「一国二制度」は終焉を迎えたといえよう。

香港特別行政区行政長官は、国家安全保障事件における裁判官を任命できるとし、香港の法務長官が陪審員の有無を決定できるとされているが、そもそも、行政長官の選任自体が中央政府の人選に基づくので、この規定は香港の自律性の保証にならない。さらに、中国が「非常に深刻」とみなした事件については、中央の司法機関が起訴を引き継ぎ、一部の裁判は非公開で行うとされている。また、外国の非政府組織や通信社の管理を強化することも既定の路線である。同法第三十八条によれば、非居住者が海外から同法に違反したとみなされる可能性もあるようだ。

これでは、香港の居住者が、中国中央政府の意向に反する言動をできなくなるばかりではなく、外国人でも香港における言動はもちろん、香港外でなんらかの言動を行って香港に入ると、同法違反の容疑をかけられる可能性が否定できない。少なくとも、中国政府は、香港の人びと、あるいは香港に係る人々を、自由に支配できる道具を手にしたということである。香港返還から二十四年、五十年間の「一国二制度」という中英合意の期間が半分経過しないうちに、この約束は反故になったのである。

実際、台湾の香港における領事館の役割を果たす「台北経済文化辦事処」では、高銘村・代理処長がビザの更新を求めた際、香港政庁から「一つの中国」原則の誓約書に署名するよう求められ、高代理処長がこれを拒否するとビザ更新が認められず、台湾への帰国を余儀なくされるという事件が発生している（二〇二〇年七月）。

さらに同年九月六日には、立法会選挙の予定日が延期されたため市民たちが抗議行動をすると、周辺にいただけの市民を含む二百八十九人が逮捕された。十月一日には、建国記念の「国慶節」に合わせて市民が抗議行動を計画したが、新型コロナウイルス対策の「防疫」を理由として、香港政庁は六人以上の集まりを禁じた。このため集会は不可能となったので、バラバラに歩いたところ、それでも八十六人が逮捕された。

ウイグル族などへの人権弾圧

中国政府は、少数民族対策の一つとして、ウイグル族などに対して中国同化政策を進めてきた。オーストラリア戦略政策研究所の報告によると、ウイグル自治区には三百八十ヶ所以上の収容施設が確認されている。そのうちで警備が低レベルの収容所においてフェンスが撤去されるなどの報告があり、人権侵害状況がやや改善されたのではないかとの見方があったが、事実はそうではなかった。すなわち、警備が低レベルの収容所の収容者が、警備レベルの高い収容所や強制労働の現場へと移送されていたのだという。例えば二〇一七年から設置された「職業技能教育訓練センター」などに収容されているようだ。

収容者は「職業訓練」だけでなく、中国語や中国の歴史・文化など教育を通じて「中国化」の改造を受ける。二〇二〇年九月に中国国務院（内閣）は「新疆の労働就業保障」白書を発表したが、それによると、新疆ウイグル全体で、延べ百二十八万八千人がこの職業訓練に服している。

なお、習近平主席は二〇二〇年九月二十五日から二十六日に開催された中央新疆工作座談会において、教育を通じて「中華民族の共同体意識を心に深く植え付けさせるべきだ」と語るとともに「イスラムの中国化」を求めた。

二〇二一年五月一日には、宗教聖職者に関する新たな規則が施行された。これによれば「聖職者は、共産党の指導や社会主義制度を支持しなければならない」とされ、聖職者には「宗教の中国化を進める役割を果たす」ことが求められている。つまり、中国化が求められているのはイスラム教に限ったものではなく、キリスト教でもその他の宗教でも変わらない。

習政権は、イスラム教を始めとする宗教団体による外国の組織やテロ集団との関わりを警戒しており、同規則は「宗教的過激思想や外国勢力の侵入への抵抗」も聖職者の義務としている。さらに、聖職者を養成する学校に関する規則でも「中国化」教育を行うことが強調されている。そればかりでなく、習近平の指導思想を教育する義務も含まれており、実は宗教の「中国化」というにとどまらず、「習近平による新時代の中国の特色ある社会主義思想（簡体字中国語：习近平新时代中国特色社会主义思想）」を徹底しようとしていることになる。

その結果、宗教の経典の中国語訳をつくるにあたっても、中国政府の方針に沿うように解釈するといったことが行われている。

第四節　アメリカの中国認識と対中戦略

米国の対中政策の変化

中国が香港国家安全維持法の制定を進めようとしていた二〇二〇年五月二十九日、トランプ大統領がホワイトハウスでの記者会見において、中国発の「武漢ウイルス」をめぐる中国政府の隠蔽工作、WHOへの影響力行使を厳しく批判し、さらにアメリカのWHOからの脱退を宣言した。さらにトランプ大統領はこの演説のなかで香港問題に触れ、習近平政権による国家安全法制定に向けた動きを批判したことが各国メディアで報じられ、注目を集めた。

以下に同演説についてやや詳細に紹介する。

この日、ホワイトハウスのローズガーデンに姿を表したトランプ大統領は、いつものように身振り手振りを交えて、集まった記者団に話しかけた。そのテーマは「アメリカの対中関係と、アメリカの安全と繁栄を守るための新たな方法について」であった。

冒頭でトランプ大統領は、中国が過去数十年にわたって、アメリカから不正に収奪しており、トランプ大統領が政権についてからでも、アメリカは中国との取引によって毎年数十兆円を失ってきたと指摘した。すなわち、中国のせいでアメリカの工場は仕事を奪われ、閉鎖に追い込まれて、産業は打撃を受け、知的財産が盗み取られ、WTOも危害を与えられてきた。そして、実際にはすでに工業化を遂げたのに、国際組織において中国が発展途上国の扱いを受けてきたことは不当であると指摘した。

しかしトランプによれば、こうした事態は一方的に中国によってもたらされたわけではなく、歴代のアメリカの大統領たちによって助長されてきたのである。だが、トランプ大統領はそうした前任者とは異なり、正義の回復のため、公平で相互主義的な取扱いを目指してきたという。

こうした経済関係だけでなく、トランプ大統領は、中国が西太平洋において不法な領土の主張を行い、航行の自由と国際貿易に脅威を与えていると指摘した。さらに香港の自治について触れ、一九八四年の中英合意を破っていることを非難した。つまり今日の事態は、二十七年前に成立した香港基本法に対する明白な違反行為だというのである。

これによって中国の侵略的な治安維持機構が、香港という自由の砦にまで及ぶことになるのであり、これは中国人となった香港住民にとっての悲劇であるばかりではなく、全世界の人々にとっての悲劇でもあると指弾した。こうしてトランプ大統領は、もはや香港における「一国二制度」は終わりを告げ「一国一制度」が始まった、と論じた。したがって、アメリカは、香港に認めてきた軍事転用可能な技術その他の輸出や、中国とは区別した関税や旅行の取り扱いなど、香港の優遇措置の撤廃に向けて措置する。

一九九七年に香港がイギリスから中国に返還されたころ、世界では香港の躍動する魅力によって中国本土の香港化が進むと期待しており、香港が中国の態様に同化されてしまうとは思っていなかった、とトランプは慨嘆した。

また、二〇一九年十二月末に発覚した中国の武漢発の新型コロナウイルス感染拡大問題に言及し、トランプ大統領は、中国による「武漢ウイルス」隠蔽が、この感染症を世界に拡大させ、世界的なパンデミックを引き起こさせ、十万人以上のアメリカ人と世界の数百万人の生命を犠牲にしたと批判した。中国の政府担当者は、ＷＨＯへの通報義務を怠ったのであり、さらにはＷＨＯが世界をミスリードするように仕向けたとも述べている。このためＷＨＯは、各国がただちに中国からの入国禁止措置をとることに強く反対したが、それにもかかわらずアメリカがあえて国境を閉ざしたことは一〇〇％正しかったと解説した。

そもそもＷＨＯについては、アメリカが毎年四億五千万ドルほど支払っているのに対して、中国は年間四千万ドルしか支払っていない。しかし中国が完全にＷＨＯを支配している。そこで米政府としてはＷＨＯに対して直接、詳細な改革案を示したが、その実施は拒絶されてしまった。これを理由として、トランプ政権としては、この日、二〇二〇年五月二十九日に、ＷＨＯとの関係を終わらせることを宣告し、ＷＨＯに支払っていた資金を、全世界の公衆衛生上の課題に振り向けることにすると宣言した。

トランプによれば、武漢ウイルスへの中国の対応が不当なのは、中国は感染源となった武漢の人びとの中国国内移動を遮断したのに、ヨーロッパやアメリカその他には自由に出国を認めたことだ。このために全世界において感染による死者が拡大する結果になった。

しかしこの結果を受けて、アメリカは経済の自立を回復することとし、サプライチェーンを国内に戻し、アメリカの先進的な科学技術の中国への流出を防止することとした。むしろこれまで何年にもわたって、中国政府による違法な諜報活動によってアメリカの産業界は大量の企業秘密を窃取されてきた。こうした事態を終わらせて、この日からアメリカは、大学における重要な研究の安全を守ることとし、特定の中国人の入国を停止することにしたと宣言した。同じく金融市場における中国企業の不正行為についても、今後は許容しないこととし、不正行為を調査するとともにルールに従わない中国企業への融資のリスクを負わないようにする。このようにトランプ大統領は、アメリカの労働者、家族、市民を守る決意を示した。

トランプ大統領は、二〇一七年の国連演説で「自由で開かれたインド太平洋戦略」に触れたが、十月四日のペンス副大統領の演説をもって、米政府の対中強硬姿勢を明らかにしていた。それでも二〇二〇年春までのアメリカの政策は、主として中国からの輸入品に対する二五％の超過関税の付加であって、米中間の貿易不均衡是正を目的とした、いわば「貿易戦争」「関税戦争」であり、せいぜいが「経済戦争」の様相であった。しかし、この演説を皮切りに、米政府の対中外交は、自由と民主と法の支配という、アメリカ国家の神髄というべき基本的人権の擁護のための「価値観の戦い」へと転化することになった。

上記の演説はそれでも概略的であって、中国の不正行為についての具体的な指摘はまだ少なかった。そうしたところ、アメリカ共和党のトランプ政権では、対中関係の是正に直接かかわる四閣僚が、それぞれの担当分野に関わる中国の不正行為の実態を余すところなく暴露する、四人連続の講演を行った。

二〇二〇年六月から七月にかけて、トランプ大統領の国家安全保障担当補佐官ロバート・オブライエン、ＦＢＩ長官クリストファー・レイ、司法長官ウィリアム・バー、そして国務長官マイク・ポンペオの四人が相次いで対中政策の講演を行ったが、これら四人の演説は当初から一連のものとして予定されたものである。つまり、トランプ政権では、四つの異なる角度から政権として一体の対中政策を発表することにしたものだ。このような詳細かつ具体的な対中政策の発表は、アメリカの政府としては初めての試みだろう。

以下に、四人の講演の概要を報告する。

「中国共産党とその世界への野心」――オブライエン補佐官

トップバッターを務めたのはオブライエン補佐官であった。アリゾナ州フェニックスで六月二十四日に行われた演説は、「中国共産党とその世界への野心」と題されたものだった。

最初にオブライエンは、台湾のＩＣ専門大手ＴＳＭＣ（台湾積体電路）の工場がアリゾナに移転したことを紹介し、先端産業のサプライチェーンを国内に戻した意義を強調した。そしてすぐに、この報告が一連のアメリカ高官による対中政策についての最初の一つであると述べ、これを皮切りに、ポンペオ国務長官、バー司法長官、そしてレイＦＢＩ長官の三人が報告する予定であると明示した。

過去のアメリカの対中政策の誤りについて指摘するところから、オブライエンはこの講演を始めた。すなわち、「アメリカは、トランプ大統領のリーダーシップの下で、中国共産党の言動による脅威、そして我々の生活様式に対する脅威に最終的に目覚めた」と、経緯を説明した。ここ数十年にわたって、アメリカの二大政党、財界、学術界およびメディアでは、中国がより自由になるのは時間の問題で、まず経済的に自由化し、その後は政治的にも自由化するだろうというのが一般通念となっていたというのである。アメリカは、天安門事件を含む中国の全般的な人権侵害を軽視しており、中国が豊かになれば、中国共産党は中国人の民主化要求の高まりに対応して自由化するだろうと単純に信じていた。あるいはこれにはソ連の共産主義に勝利したとする経験も後押ししていたかもしれないという。

この失敗の原因は、中国共産党のイデオロギーに注意を払わなかったことにある、とオブライエンは解説した。すなわち、アメリカは、中国共産党の指導者が何を語ったかに耳を傾けず、主要文書に書かれたことを読まず、事実上、耳を塞ぎ、目を閉じていた。このためアメリカ人は、中国共産党員が共産主義者だというのは名ばかりだと、勝手に信じてしまった。しかし、中国自身が明言しているように、中国共産党はマルクス・レーニン主義の組織なのであり、中国共産党総書記の習近平は、ソ連を大成させたジョセフ・スターリンの後継者だと自認している。スターリンは、その政策によっておよそ二千万人のロシアその他の人々を、飢餓、あるいは強制集団化、死刑、強制収容所で死に追いやった。そして中国共産党は、その共産主義、全体主義イデオロギーの党である。共産主義の下では、人々は国家に奉仕するために存在し、国家が人々に奉仕するために存在するのではない。

続いて、オブライエン補佐官は、中国の現状について指摘した。すなわち、中国共産党は全人民の生活に対する全面的な支配を目指しているのであり、これは経済的支配、政治的支配、肉体的支配および思考の支配をも含んでいる。だから中国では、共産主義イデオロギーについての研究集会の実施を義務付け、スマートフォンに、いわゆる「習近平思想」教育アプリをダウンロードして活用することを要請している。外国の新聞からのツイッター、フェイスブックなど、外部情報の掲示は禁止され、中国国内ではすべての情報は検閲されている。すなわち、中国共産党の路線に反する見解を表明したブロガー、新聞記者、弁護士あるいは活動家や宗教家は、誰でも投獄される。

そして直近の事例として、二〇二〇年一月一日から四月四日までだけでも、およそ五百人が、ただ武漢ウイルスについて発信したというだけで有罪とされた、とオブライエン補佐官は指摘した。さらに続けて今日の中国の宗教政策、情報環境について説明した。

すなわち、中国共産党は、聖書を含む各宗教の経典の翻訳を、中国共産党のイデオロギーを支持するものへと変えさせている。ウイグル族の数百万人のイスラム教徒やその他の少数民族を再教育キャンプに収容して、政治的洗脳と強制労働が行われ、その間、子供たちは共産党が運営する孤児院で育てられている。これによって家族、宗教、文化、言語そして人々の遺産を絶滅させようとしている。

しかも、習近平の、イデオロギー的支配の野望の対象は、中国人に限られたものではなく、世界を中国共産党によって造り変えようとしている。ＴｉｋＴｏｋは、中国が所有するメディア・プラットフォームで、アメリカには四千万人のユーザーがいるが、中国共産党の政策を批判するアカウントは、常に削除されている。

中国共産党は、アメリカで行われるスピーチを取り締まるための影響力も強めている。カリフォルニア州立大学サンディエゴ校が二〇一七年の卒業式に、ダライ・ラマを講演者として招いたとき、北京は公費による中国人留学生の同大学への派遣を禁止した。プロバスケットボールのヒューストン・ロケッツのゼネラル・マネージャーが、香港の平和的な市民による抗議行動を支持するとツイッターに書くと、中国共産党は、同チームの試合を中国のテレビでは放送しないこととし、その経済力によって、スター・プレイヤーを含むバスケットボールの関係者が、中国政府の行為に対して批判的なツイートをすることに圧力をかけた。中国共産党からの圧力を受けて、メルセデス・ベンツは、ソーシャル・メディアにおいてダライ・ラマの名言を引用していたことを謝罪した。

さらに、中国共産党はアメリカ市民の個人データを盗み取っている。二〇一四年には、中国共産党がアンセム保険のコンピュータに侵入して、八千万人のアメリカ人のデリケートなデータを盗み取った。二〇一五年には、アメリカ合衆国人事管理局のコンピュータをハッキングして、機密取り扱いの二千万人の連邦政府のために働くアメリカ人のデータを入手した。二〇一七年には、アメリカの三大信用情報会社の一つ、エキファックス社がハッキングされ、一億四千五百万人のアメリカ人の氏名、生年月日、社会保障番号、クレジット評価が盗まれた。二〇一九年には、中国共産党は旅行会社のマリオット社をハッキングし、三億八千三百万人の顧客のパスポートナンバーを含む情報を収集した。さらに二〇一六年には、ゲイとバイセクシャル男性の世界最大のSNSアプリであるグラインダーを中国企業が買い取り、利用者のHIV判定を含むデータを入手した。

中国共産党は、これらのデータを使って、ターゲットを、おだて上げ、甘言をもって取り込み、影響を与え、あるいは強要し、脅迫して中国共産党の利益になるような言動を強いる。中国共産党は、中国国内のすべての個人情報と同様にアメリカ市民すべての情報をもれなく知ろうとしている。以上のように、オブライエン補佐官は、中国における情報ネットワークの現状を具体的に論じた。

オブライエン補佐官によれば、中国は多くの国際機関の指導的役職を手に入れようとしてきた。中国は二〇二〇年六月には、十五の国連特別機関のうち四つで長官の職を得ているが、これはアメリカ、イギリス、フランスおよびロシアという他の国連安全保障理事会常任理事国を合わせたよりも多い。中華人民共和国は、これらのリーダーを用いて、その国際機関を通じて中国政府の発言を反復させ、またその機関に、中国製のＩＣＴシステムを導入させる。

これに対して、トランプ政権では、中国共産党の行為について知って、それを公表し、決然たる対抗措置を全面的にとることにした。

第一に、トランプ大統領は、中国共産党の情報機関および治安機関の要請に応じる企業、例えば中国のＩＴ大手のファーウェイ（華為）などについて、アメリカ人の個人的な私的なデータへのアクセスを禁じた。またトランプ政権は、アメリカの半導体技術のファーウェイへの移転を禁止した。

第二に、国務省は、中国の国家管理下にある九個のプロパガンダ機関を中国共産党の代弁者と明示し、ビザ発給を規制することにした。

第三に、トランプ大統領は、ウイグル族その他の少数民族に対する抑圧、恣意的な大規模抑留、強制労働、そして最先端機器による監視の共犯者として、二十一の中国政府機関および十六の中国企業に対する輸出を禁止し、これら人権侵害に関与した政府関係者のアメリカへの入国を拒否することとした。トランプ政府は、ウイグル族の強制労働を用いた中国企業の製品を違法として輸入停止にした。

第四に、トランプ大統領は、国連人権委員会が中国の委員を任命したことに抗議して離脱した。また、パンデミックの際の中国への不当な配慮を理由に、アメリカはＷＨＯからの離脱を決めた。

第五に、トランプ大統領は、人民解放軍の士官や要員がアメリカの大学に入学して、合衆国の技術や知的財産および情報を盗み取ることを目的として学生ビザ制度を使うことを規制した。

第六に、大統領は、アメリカ連邦政府職員退職金基金が、中国軍の契約者や宗教的少数者に対する監視機器の製造会社を含む、中華人民共和国の企業への投資を停止させた。

これらの手続きは、アメリカが四十年にわたって一方的に、中国との不公正な関係を続け、それによって我が国の経済および政治に深刻な影響を被ってきたことを正すためのほんの手始めに過ぎない。今や、アメリカとその同盟国は、中国共産党が国民や政府を操作しようとし、経済に打撃を与え、主権を損なおうとする行為に対抗することとした。中華人民共和国に対して、アメリカが消極的で、手玉にとられた時代は終わった。

このようにオブライエン補佐官は、中国のアメリカへの影響を例示し、トランプ政権による対処策を列挙した。

「中国政府および中国共産党によってアメリカにもたらされる経済、安全保障上の脅威」
――レイＦＢＩ長官

続いて、二〇二〇年七月七日に、クリストファー・レイＦＢＩ長官が、ワシントンのハドソン研究所で開催されたビデオ・イベントに参加して、「中国政府および中国共産党によってアメリカにもたらされた経済および安全保障上の脅威」と題するスピーチを行なった。

オブライエン補佐官の指摘を受けた形で、レイ長官は、アメリカは中国の言動に対して目を閉ざし、耳を塞いではいけないとして、中国によってアメリカにもたらされている脅威について、今までFBIが人々の前に明らかにしてきた以上の事実を紹介することにしたものである。

そしてその冒頭において、中国からアメリカの知的財産および経済的活力に関して被っている最大かつ長期の脅威は、インテリジェンス活動および産業スパイ活動だと指摘した。それはアメリカにとって、経済的安全保障上の脅威であるだけではなく、国の安全保障上の脅威になっているというのである。

最初に、レイ長官は、アメリカの成人は誰であれその個人データを中国によって窃取されている可能性があると言及した。例えば二〇一七年には、中国軍関係筋がハリファックス社のコンピュータをハッキングして、アメリカ人一億五千万人分の機微にわたる情報を盗み出した。これはアメリカ人口の半分であり、成人のほとんどと言っても良いほどなのである。しかもこうしたハッキングは他にも例があるし、危機に瀕しているのは健康情報、経済情報、安全保障情報さらに製薬会社、そしてCOVID-19についての重要な研究を行っている研究機関からの情報などである。

このように今日、アメリカ合衆国の国民は、中国による大規模な窃盗の被害者となっている。このため、FBIは十時間ごとに一件、新たな中国関係のカウンターインテリジェンス調査をスタートさせている。その結果、ＦＢＩでは全米でおよそ五千件の諜報活動調査を行っているが、その半数が中国関連になっている。

しかし、ここで明らかにしたいことは、中国人は問題だとか、中国系アメリカ人が危険だと言っているわけではないことである。毎年、アメリカは十万人以上の中国人留学生および研究者を受け入れているし、中国からアメリカに来る旅行者、居住者は多いが、その多くはアメリカにおいて自由を謳歌して活躍しており、アメリカ社会は彼らの貢献に応えてもいる。レイ長官が中国の脅威として述べているのは、中国政府、中国共産党による働きかけのことである。以下、「中国の体制と野望」「中国による多様で多層的な取組み」「経済的なスパイ活動」「秘密工作」「学術界への脅威」「有害な外交的影響力」などについて、指摘した。

まず、「中国の体制と野望」について、レイ長官は、アメリカ人は三つのことを覚えておかなければならないと指摘した。

第一に、アメリカは中国政府の野望についてしっかり認識しておく必要があるということである。中国、そして中国共産党は、アメリカを経済的、技術的に凌駕するために一世代にわたる戦いを挑んでいる。この戦いは合法的な技術革新によって、公正で合法的な競争によってではなく、アメリカが尊重してきた、国民に思想や言論や創造の自由を与えることによってでもなく、不正な手段で達成されようとしている。つまり、中国は国家の総力を挙げて、いかなる手段を用いてでも世界唯一の超大国になろうとしているのである。

このため、中国は「多様で多層的な取り組み」をしている。すなわち、アメリカ国民が理解しておくべき第二の点は、中国は、サイバー技術から関係者への賄賂の使用に至る、広範囲かつ様々な手法を用いるのである。中国は、中国人の情報要員を送り込むだけではなく、国営企業や民間の企業の職員や、大学院生や研究者など、あらゆる人々を中国政府、共産党の代理人として用いているのである。

その上で、中国はアメリカを凌駕するために、技術革新に必死に取り組む代わりに、多くの場合アメリカの知的財産を窃取して、その技術を用いてアメリカ企業に競争をしかけてくるのである。その標的は、軍用装備品から風力発電機、コメやトウモロコシの種まであらゆる研究である。こうした「経済的スパイ活動」によって、アメリカは、技術の漏出と、企業競争での打撃という、二重の被害を受けている。

具体的には、中国はいわゆる「千人計画」と称する海外のハイレベル人材の招致計画などを通じて、アメリカの科学者に対して、秘密裏にその知識や技術を中国に移転させるようにと誘うことで、知的財産の盗取やアメリカの輸出規制への違反や利益相反を犯させるのである。

例えばレイ長官は、譚宏進（Hongjin Tan）の事例を紹介した。彼は、中国国籍のアメリカにおける合法的な居住者だが、中国の千人計画に採用され、なんと十億ドル以上相当の貿易上の秘密情報を、元の勤め先であった石油会社（本社はオクラホマ）から盗み出して逮捕され、裁判を経て収監された。

なお、譚宏進は、カリフォルニア大学理工学部で博士号を取得しており、再生可能エネルギーの素材開発などの研究をしていたが、二〇一八年十二月に逮捕された。

また、二〇〇〇年の前半に収監される判決が出たテキサスの科学者、シャン・シー（Shan Shi）は、海軍関連の重要な技術として潜水艦に使用されるシンタクチックフォーム（金属やセラミックの中空素材）に関する企業秘密を盗取していた。シーは中国の「千人計画」に採用されて、中国国有企業のために働いていた。

レイ長官によれば、アメリカにとってさらに腹立たしいことは、中国が盗み出した製造技術について中国で特許を取得して、それをが盗み出された元のアメリカ企業に対して合弁事業を申し出る事例があることだ。盗まれた技術の中には、その企業が長期にわたる多額の費用を用いた研究の成果もある。

例えばこの講演の二週間前、張浩（Hao Zhang）が、アメリカの二社のワイヤレス機器に関する企業秘密窃取の経済スパイ事件で有罪となったが、そのうち一社は二十年以上を費やして開発した技術を盗み出されていた。

ここでレイ長官が紹介した事件は、中国による既遂もしくは未遂のアメリカ技術盗取事案だが、千件以上におよぶＦＢＩ捜査の一部だという。つまり、これとは別に千件もの捜査が進行中なのである。これらは、ＦＢＩの五十六人の現場捜査官によって指揮されているが、過去十年間で、中国関連の経済スパイ事案は一三〇〇％に増加した。

オブライエン補佐官の報告に示されたように、中国政府はアメリカ企業や個人の情報をハッキングによって収集しているが、それには軍関係者その他のハッカーを用いている。

先述のエキファックス社への侵害事件では、中国軍人が起訴された。このほか、二〇一五年にはアンセム保険（Anthem）と関連会社から中国のハッカーが八千万人分の過去および現在の顧客のデータを盗み出した。さらに二〇一四年には、二千百万人以上のアメリカ連邦人事局の記録が盗取された。

こうして窃取された情報は、中国の「秘密工作」に使われることになる。すなわち、中国は対人諜報（ヒューミント）において世界のトップになろうとしており、そのための素材となるのである。

ある事例では、中国の情報将校が、ヘッドハンティングを装って、アメリカのSNSを用いてアメリカ市民に多額のお金を「コンサルタント料」として提供しようとした。「コンサルタント料」というのは聞こえがよいが、実はアメリカ軍の重要情報に接触できるターゲットを取り込もうとしたのである。

しかし、この事例では、そのアメリカ市民がその申し出を疑って申し出たので、FBIは米軍と協力して摘発することができた。レイ長官としては、この種の事件がいつもこうした結末になることを期待している。

同じような問題は学術界でも見られるという。先述のように、「千人計画」のような人材発掘計画を通して、中国は国家資金を使って、アメリカの大学の科学者に対して、秘密裏に知識や技術を中国に移転させようとしている。それにはアメリカ連邦政府が出資している研究も含まれている。この場合、アメリカの納税者が中国の科学技術の発展のために実質的に資金を提供するという結果になっている。

つまり中国は、不正に手に入れた研究成果によって、アメリカの研究機関や企業の基礎を掘り崩し、アメリカの技術進歩を鈍らせ、アメリカの職業を失わせている。こうした事例はますます増えつつある、とレイ長官は嘆息しつつ以下の事例を紹介した。

二〇二〇年五月に二人の研究者が逮捕された。一人は、元はクリーブランド病院の研究者で、分子医学と循環器疾患の発生についての研究に従事していた王擎（Qing Wang）で、もう一人はＮＡＳＡのための研究をアーカンサス大学で行っていた洪思忠（Simon Saw-Teong Ang）である。二人は、中国の人材登用プログラムに採用されていることを隠して、アメリカ連邦政府から数百万ドルの補助金をだまし取った詐欺の容疑である。

また同じ五月に、元エモリー大学教授の李曉江（Xiao-Jiang Li）が中国の千人計画からの収入を記載せず、虚偽の納税申告を行ったことで有罪となった。ＦＢＩの捜査によると、李はエモリー大学でハンチントン舞踏病について研究していたが、およそ五十万ドルを中国から得ていたことを隠していた。

さらに、ハーバード大学の生物化学部学部長のチャールズ・リーバー（Charles Lieber）は、二〇二〇年六月、連邦機関に「千人計画」への参加を申告しなかったことで起訴された。リーバーは、ハーバード大学と国立衛生研究所の双方に対して、中国の大学から戦略科学者として報酬を得ていたことを隠していたのである。実は、中国政府がリーバーに対して武漢工業研究所を通して毎月五万ドルの研究費、十五万ドル以上の生活費、さらに中国での研究所建設のために千五百万ドル以上を支出していた。

レイ長官によると、中国および中国共産党がアメリカ人を操作するためのその他の手法として、「有害な外交的影響力」の行使がある。それには贈賄や脅迫、闇取引が用いられている。

よくある事例は、アメリカの公務員、あるいは州知事、上院議員や下院議員が台湾への訪問を計画していると、これについて中国が騒ぎ立てることである。中国は、それが台湾の中国からの独立を合法化させるものであり、「一つの中国」政策に反するものだとして、訪問をやめさせようとする。このために、中国はその人物の地元の、中国との取引やマーケットをもっているアメリカの企業、学術界、メディアに働きかけるのである。つまり中国は、もしそのアメリカ高官が計画通り台湾を訪れるなら、地元の企業に対して中国での製造・営業許可を取り消すと警告するのである。

さらには、台湾訪問を計画したアメリカ高官について、中国共産党はその人物の親しい、信頼する人々を特定して、そうした人を中国の仲介人として取り込んで、台湾に行かないように影響力を行使させようとする。もちろん、こうした仲介者は、アメリカ高官に対して、自分が中国共産党の手先だとは言わないのだが、最悪の場合には、その仲介者自身が欺かれていて、自分が中国の道具として使われたことに気づいてもいない。

さらに、レイ長官は、習近平総書記が、二〇一四年以来の国際的な反汚職キャンペーンを使って、習近平が脅威とみなした海外居住中国人の一掃を進めてきたと指摘した。

すなわち、アメリカの居住権を持っている人、グリーンカードを持つアメリカ市民数百人が、この「キツネ狩り」の被害者となったという。中国政府は、それらの人々を強制的に中国に帰還させようとしたのだが、その手段は衝撃的である。たとえば、あるターゲットの所在が不明だとすると、中国政府は所在が分かっているアメリカ国内のその人物の家族に密使を派遣する。そして家族に、そのターゲットに対してただちに中国に戻るか、自殺するか、いずれかを選べと伝えるのである。それでもそのターゲットが中国への帰国を拒否した場合、そのターゲットのアメリカの家族が中国への帰国を強制されて逮捕されるのである。そうでなければ、中国在住のそのターゲットの親族が逮捕されることになる。

これに関連してレイ長官は、もし中国の「キツネ狩り」の対象になったときは、近くのＦＢＩの事務所に相談に来るように、と呼びかけた。

さて、アメリカ人が覚えておくべきことは、中国はアメリカと根本的に異なる制度の国だということである。それと同時に、中国のような閉鎖社会より、アメリカの開かれた社会のほうが素晴らしいということでもある。

例えば、アメリカでは常に明確に区別される多くのことがらが、中国では不明確であるかほとんど区別がない。それは、中国における政府と中国共産党の区別、非軍事と軍事の区別、そして国家部門と民間部門の区別が不明であるか、そもそも区別がないことである。

例えば、大多数の中国の大企業は国有企業であるが、それはつまり共産党の所有でもある。国有企業でなくても、中国の法律によると、政府は、中国の企業に対して、いかなる情報の提供も強制できることになっている。それにはアメリカ市民に関するデータも含まれる。

また、中国企業はそれがどのような規模でも、共産党の「細胞」をその中に設置するよう法的に求められており、それによって共産党の支配下に置かれるのである。実は、中国で営業している一部のアメリカ企業にも、中国でビジネスをする対価として、共産党の細胞が置かれている。例えばファーウェイと取引する中国にあるアメリカ企業には、中国共産党の細胞をおかなければならない。世界最大のＩＴ設備製造企業であったファーウェイは、いくつものアメリカ企業の知的財産の盗取で起訴され、そして合衆国政府および銀行を含む商業取引先への虚偽や不正行為について、告発されている。

ファーウェイのような中国企業が、アメリカのＩＣＴのインフラを左右できるとすれば、アメリカ市民のあらゆる情報を収集できることになる。さらには、中国政府が望めば、ファーウェイには、それらの情報の政府への引き渡しについて選択の余地はない。

アメリカ合衆国において、神聖で犯すことのできないプライバシーや法廷手続きの保障は、中国には存在しないのである。

中国政府による、情報の窃取や、個人および企業に対する不当な圧力の行使は、計算されたもので、持続的なものである。開かれた民主的な社会のように、法の支配によるチェックや抑制の対象になってはいない。

以上のように、中国は、中国共産党の指導の下で、アメリカによる研究成果を横領し、アメリカの政策形成に影響を与え、世論を操作し、データを盗取し続けているのである。中国ではこのためにあらゆる手段が用いられ、あらゆる部門が関わっているので、アメリカとしても、すべての手段を動員し、すべての部門で対応することが必要になっている。

レイ長官によれば、ＦＢＩの職員は、アメリカの企業、大学、コンピュータ・ネットワークを、そしてアメリカ人のアイデアと技術革新を守るために毎日奮闘している。その結果として、多くの海外の同盟国・協力国の支援を受けて、ＦＢＩは世界中でターゲットを逮捕している。その捜査と犯罪者の起訴は、中国が使用してきた手法や技術を明るみに出し、脅威に気づかせることで、企業の防衛力を高めることになる。

最後にレイ長官は、こうした脅威に直面しているということで、アメリカが中国とのビジネスをすべきではないということではなく、また、中国からの訪問客をもてなしてはいけないというわけでもないし、中国からの留学生を歓迎すべきではないとか、世界において中国と共存すべきではないということでもない。しかし、中国がアメリカ刑法に違反し、国際規範を侵害するかぎり、ＦＢＩはそれを許容しないし、許さない。ＦＢＩおよびアメリカ政府の治安機関としては、アメリカ国民の警戒心を高め協力を得ることで、中国に責任ある行動を求め、アメリカの技術革新、創造力と生活スタイルを守っていくと宣言した。

企業家を通して対中政策に違法な影響力を行使する中国――バー司法長官

三番目の対中政策演説は二〇二〇年七月十六日、ウィリアム・バー司法長官が担当した。バー長官は、ミシガン州のフォード大統領博物館において、中国が違法な手段で企業家を通してアメリカの政治に影響力を行使してきた実態について詳細に論じた。

まず、今日の中国についてバー長官は、中国共産党が世界でも偉大な古代文明国・中国を、いわば鉄拳をもって支配していると述べ、同党は、膨大な権力と中国の生産力、中国人の巧妙さをもって、法に則った世界システムを打ち壊して、独裁国家にとって安全な世界にしようとしていると指摘した。そして、歴史に学んでこの不当なチャレンジにどのように対応するかによって、合衆国および価値観をともにする同盟国が、自分たちの努力で未来を決定できるか、それとも中国共産党と独裁政治を共有する国々が世界に覇を唱えるようになるかが決まるというのである。

バー司法長官によれば、少なくとも一八九〇年代以後、アメリカは技術の世界におけるリーダーを務めてきたが、この技術的優位は、アメリカの財産となって、何世代もアメリカの人びとにチャンスを与え、また安全の源にもなってきた。これによってアメリカが世界の主軸となることができ、ファシズムや共産主義の脅威をも押し返すことができたのである。ところが、今では、アメリカがこの優位な立場を、つまり技術的優位性を維持できるかどうか危うくなっている。もしその立場が盗られれば、今日の我々の世代の子供あるいは孫の世代から未来を奪うことになってしまう、とバー長官は強い危機意識を表明した。

演説の会場はフォード大統領の記念館であるが、ジェラルド・フォード大統領といえば、一九七二年のニクソン大統領訪中に続いて一九七五年に中国を訪れ、毛沢東を含む中国共産党の指導者と首脳会談を持った人物である。その当時、中国が冷戦終結後において、アメリカと匹敵するような競争相手として立ち現れてくるとは誰も想像しなかった。しかし、中国の計り知れない潜在力については、一九七二年の中国訪問に関する共同報告書において、下院多数党リーダーであったヘイル・ボッグスと少数党リーダーのジェラルド・フォードによって指摘されていた。すなわち、「中国は彼らが望むとおりに支配するなら、その並外れた可能性からすれば、これから五十年の後には十億人の国民が満足できる存在になっているかもしれないというのが今回の訪問で得た実感である」と書いている。それからおよそ五十年がたって、この通りになっている。

改革開放政策によって中国の経済発展を実現させた鄧小平は、「韜光養晦（力を隠して時を待つこと）」という語で知られる。これこそまさに中国が実施してきたことであり、一九八〇年に世界GDPの二％だった中国は、二〇二〇年にはほぼ二〇％にまで拡大しており、購買力平価では、中国の経済はすでにアメリカを上回っているという論者がいるほどだ。中国共産党総書記の習近平は、社会主義は資本主義より優れているので、アメリカン・ドリームに中国がとってかわると述べている。中国は今や、その力を隠すことなく、来るべき時を待ってはいない。共産主義支配者の目から見て、中国の時代が来たのだ、とバー長官は指摘した。

中華人民共和国は、今や経済的な電撃戦を戦っており、攻撃的で、政府全体あるいは社会全体を一体とした作戦で、世界経済の支配権を掌握し、世界の卓越した技術大国としてアメリカを超えようとしている。この作戦の核心は、中国共産党の「中国製造二〇二五（Made in China 2025）」構想である、とバー司法長官は断定した。これは中華人民共和国が、ロボット製造、先端情報技術、航空機産業、電気自動車、その他多くの高度な技術分野において世界において支配力を持つことを目指している。何千億ドルもの補助金の支援があるため、この構想はアメリカの技術的優位に対する現実の脅威となっている。世界貿易機関（ＷＴＯ）は、輸入割当制度を禁止しているが、「中国製造二〇二五」では、ロボット製造やＩＴ技術の産業において、主要部品や主要原料の輸入割当を設定している。

「中国製造二〇二五」は、中華人民共和国による最新版の国家主導重商主義経済政策である。アメリカ企業は、世界市場で中国と自由で公正な競争をしようと長い間考えていたのだが、これは幻想だった。中国の共産主義政府は、対外競争において自分たちを有利にするために、しばしば違法な手段、例えば通貨操作、関税、輸入割当、国家主導の戦略的投資、さらに買収、知的財産の盗取および強制移転、国家補助金、ダンピング、サイバー攻撃、そして産業スパイを用いてきたのである。実際、アメリカの連邦レベルでの産業スパイ事案における起訴の八〇％は、中国への利益を目指したもので、全米の企業秘密盗取事案のおよそ六〇％が中国関連だとバー司法長官は報告した。

また、中華人民共和国は、ユーラシア大陸、アフリカおよび太平洋の主要な貿易ルートを支配しようともしている。たとえば南シナ海は、世界の海運の三分の一が通行するが、中国は、歴史的根拠が疑わしい、覇権主義的な主張をして、国際裁判所による判決を無視して、人工島を建設し、その上に軍事施設を構築し、近隣国の艦船や漁船を悩ませている。

さらに、中国による「一帯一路」のインフラ建設構想は、その投資は中華人民共和国の戦略的利益に奉仕し、中国国内の経済的要求に沿ったものだ。たとえば、中国は貧困国に対する多額の債務の押し付けによって批判されているが、債務履行の困難を理由に、建設したインフラを中国が支配しようとしている。二〇一七年の、スリランカのハンバントタ港がその好例だ。こうしたやり方は、現代版の植民地主義そのものである。

しかしながら、結果として、中華人民共和国は、「デジタルのシルクロード」構想によって、世界のデジタル・インフラを支配しようとしている。実際、中華人民共和国は、AIその他の先端分野でもアメリカを凌駕しようとしている。「自分で学習するコンピュータ」や、ビッグ・データ、そしてAI（人工知能）などの技術革新によって、顔認証や、外国語の翻訳、自動車の自動運転技術、チェスや囲碁のゲームなど、機械が人間の機能を真似ることができるようになっている。二〇一七年、北京政府は「次世代人工知能計画」として、二〇三〇年までにAI分野で世界をリードするという構想を明らかにした。これからはどの国であれ、AI分野で世界のリーダーとなった国は、経済的な発展の可能性だけではなく、軍事技術への転用への扉を開くことになる。以上のように、バー司法長官は警鐘を鳴らした。

技術優位獲得へ向けた中華人民共和国の計画は、消費者家電や電気自動車、医療機器、そして軍事物品などの製造において非常に重要な、レア・アース（希少金属）の独占計画によって補強されている。アメリカ議会調査局によると、一九六〇年代から一九八〇年代まで、世界のレア・アースの生産をリードしていたのはアメリカだったが、それ以後、生産はほぼ完全に中国にシフトしたという。その主たる理由は、安い人件費と経済統制および環境規制が緩いためだった。この結果、アメリカは、そうした不可欠な素材について、危険なほど中華人民共和国に依存している。中国は、この分野でアメリカの輸入のほぼ八〇％を占めるほどの、アメリカにとって最大の供給元になっている。

こうした過度の対中依存の危険性は、二〇一〇年の日中間の東シナ海での紛争の際に、中国が日本に対する希少金属の輸出を停止するという形で現実のものとなったことがある。したがって、中国がアメリカに対しても同様のことを行う可能性はある。

また、過去およそ百年間、アメリカは世界最大の製造業の国であり、「民主主義の世界の工場」であった。しかし、二〇一〇年に中国は製造業の生産額においてアメリカを凌駕したことにより、今や「独裁国家の世界の工場」になっている。

どのようにして中国はこうした結果を得てきたのか。それについて、中国人の発明と産業の能力を過小評価すべきではない。しかし同時に、アメリカがこの中国の輝かしい発展を可能にさせてきたことも疑いない。中国は、アメリカからの支援と貿易によって莫大な利益を得てきたのである。

一九八〇年にアメリカ議会は、中国に最恵国待遇を付与した。一九九〇年代のアメリカは、中国のWTO加盟と永続的な貿易の拡大を強く支持していた。今日、米中貿易額は輸出入合計でおよそ七千億ドルに達している。

二〇一九年にニューズウィーク誌は、「如何にしてアメリカの最大手企業が中国を偉大な国へと再生させたか」というカバーストーリーを掲載した。この記事は、中国共産党指導部がアメリカ企業に対して、中国市場へのアクセスを餌にして、投資と技術を惹きつけ、後からしだいに敵対的になっていった経過を詳細に描いている。中国は、関税や国内企業への製造割当制を使ってアメリカ企業を圧迫し、製造技術を提供させ、中国企業との合弁を求めた。その後は、行政府による許可の取り消しや、規制によってアメリカ企業を差別して圧迫した。この間、フォーチュン誌の世界上位五百社に載る企業でさえ、北京を怒らせることを恐れて訴訟を起こしたりしなかった。

こうしてアメリカ企業が中国市場に依存するようになると、米国は多くの主要な商品やサービスを中国に完全に依存するようになっていった。COVID-19のパンデミックは、こうしたアメリカの対中依存に対してスポットライトを浴びせることになった。たとえば、中国は、マスクや防護服などの衛生用品の世界最大の生産国である。二〇二〇年三月にパンデミックが世界に拡大すると、中国は、マスクを買いだめして、それを必要としているアメリカその他諸国への輸出をブロックした。マスクや防護服が各地で不足すると、中国はこれらをプロパガンダに利用して、防疫関連品の積み出し量を調整して、外国首脳が公に中国政府からの輸出に感謝するように要求した。

医療品の世界市場における中国の優位は、マスクと防護服だけではない。中国はアメリカの医療品の最大の供給元となっているが、その一方で中国国内では、アメリカの医療品会社は差別されている。中国政府は、外国企業に対して定期的に大規模な査察を行う一方で、中国の病院には中国製品を買うように指導しつつ、アメリカ企業に対して中国に工場を設置するように圧力を加えた。中国に進出したアメリカ企業は、知的財産の窃取に対して脆弱になるので、アメリカの医療品製造会社は、「自ら競争相手を育てあげる」状態になっている。

アメリカは､その他の重要分野､特に薬品製造においても､中国からの供給､あるいはサプライチェーンに依存するようになっている。薬品開発においては、今のところ米国が世界のリーダーの地位にとどまっているが、医薬品有効成分（APIs：Active Pharmaceutical Ingredients）については中国が最大の製造国なのだ。アメリカの防疫関係当局は、「中国が医薬品有効成分のアメリカへの移出を制限もしくは規制したら」「アメリカ国内そして軍部は深刻な薬品不足になる」と述べている。

以上のような製薬分野での優位を実現するため、中国指導部は、アメリカでその他の産業を空洞化させてきたのと同じシナリオを使っている。二〇〇八年、中国は製薬会社を「高付加価値産業」に指定し、中国企業に補助金を与え輸出関税を免除して優遇した。その間、中国は組織的にアメリカ企業をターゲットにした。つまりアメリカの企業は、中国の健康医療品市場で、薬品認証の遅延、不公平な価格規制、知的財産の窃取、および偽物の製造販売など、いつも通りの妨害手法に直面した。この間、アメリカの製薬会社で働く中国人従業員が、アメリカにおいても中国でも、企業秘密の窃盗で逮捕されている。

これに加えて中国共産党は、アメリカの医療研究機関や健康医療企業に対してサイバー・スパイやハッキングを長年にわたってしかけてきた。

実際、中国のハッカーが、アメリカの大学や企業をターゲットにして、コロナウイルスの治療やワクチンに関係する知的財産をも窃取しようとしているし、それらの研究の妨害も行っている。

これらの事例から明らかなことは、中国の支配者の究極の目的は、アメリカとの交流や取引ではなく、アメリカを攻撃し凌駕することにあるということだ。したがって、アメリカの企業界としては、中国との宥和は短期的な見返りしかもたらさない。最終的には、中国は、アメリカにとって代わることが目的なのだと、バー長官は指摘している。

アメリカからの、多額の投資や専門技術の共有、重要技術の移転は中国市場の開放につながるという、かつて米国その他の企業はウィンウィンの夢を抱いていた。しかし今や、米企業の取締役会では、「中国語でウィンウィンとは、中国が二度勝つという意味だ」というジョークに置き換えられてしまった。

アメリカ人は、貿易と投資が中国の政治制度を自由化させると期待してきたが、中国の国家体制の根本はなんら変わらなかった。二〇二〇年の香港における、中国による容赦ない弾圧は、中国が今でも、一九八九年に天安門広場に集まった民主化を求める人々に戦車を差し向けた時と何も変わらず、民主化などしていないことを改めて示した。つまり、中国は独裁国家のままで、中国共産党が絶対権力を掌握しており、国民の選挙の洗礼や法の支配、独立した司法権の制約など受けていない。中国共産党は、自国民を監視し、国民一人一人の社会信用スコアを採点するために政府監視員を雇っており、反体制派に拷問を行い、百万人のウイグル族を教育・強制労働キャンプに収容して、少数民族や宗教的少数派を迫害している。

中国で今起きていることは、たとえ中国内部にとどまっていたとしても非常に悪い事態であるが、中国はその経済力を用いて、アメリカに影響力を行使しようとしている。アメリカが中国を変えるのではなく、その反対になろうとしている。つまり、中国共産党政府は、その影響力をアメリカを含む全世界に及ぼそうとしているのだ。

アメリカの企業は、短期的な利益を求めるゆえに、米国の自由と開放性を犠牲にし、中国の影響力に屈服している。北京に頭を下げるアメリカ企業の例は、枚挙にいとまがない。

ハリウッドでも事情は同じだ。ハリウッドの俳優、プロデューサー、監督たちは、表向き自由と人権を称賛しており、毎年のアカデミー賞の際には、アメリカはハリウッドの社会正義の理想にまだ到達していないと批判するのが常である。しかし、今やハリウッドは、常に自分たちの映画作品を自己検閲して、世界最強の人権侵害団体である中国共産党の意向に合わせている。この検閲は、中国で上映される映画に限らず、アメリカで公開される作品にまで及んでいる。

例えば、ヒット作「Z世界大戦（World War Z）」は、ウイルスによって引き起こされるゾンビの惨劇を描いたもので、オリジナル作品では、そのウイルスは中国起源という設定だったが、パラマウント映画のプロデューサーが、中国での上映を希望して、中国への言及が削除されたと言われている。しかし結局、その映画は中国では上映されずに終わった。

マーヴェル・スタジオの大ヒット作「ドクター・ストレンジ」の登場人物「Ancient One」の設定が、コミック作品ではチベット人の僧侶だったのに、映画ではケルト人に変更された。その理由を問われた脚本家は、「舞台がチベットで、彼がチベット人となれば、十億人の観客を失うリスクを冒すことになる」と説明した。チベット人のままにしたら、中国政府は「この映画は政治的な作品なので我々は上映させない」と言うだろう。

ここでは、中国共産党を満足させるために内容変更をしたハリウッド映画の中で二つの例だけを挙げた。国家安全保障担当補佐官のオブライエンは、彼の演説においてさらにいくつかの例を挙げていた。しかし、実はそれよりはるかに多くの作品が、作家やプロデューサーが、危険を冒すべきではないと考えて日の目を見ずに終わっている。このように中国政府による検閲に抵触しない配慮をしているということは、ハリウッドが中国政府のために仕事をしているということである。今ではハリウッドは、中国共産党にとって、巨大なプロパガンダの武器になっているとさえいえる。

過去二十年間に、中国が映画の興行収益世界一を継続してきたが、その映画産業は中国共産党に服従している。中国共産党は、アメリカ映画の上映割当制や、厳しい検閲体制によって、この儲かる市場をコントロールしてきた。しかし、その間にハリウッドは、中国からの資金に依存するようになって、二〇一五年には中国資本による映画作品はアメリカの興行収益の三%だったのが、二〇一八年には二〇%に達した。

しかし長い目で見れば、その他のアメリカ産業と同様に、ハリウッドが中国と協力することで得る利益は、ハリウッドから吸い上げられる利益より小さくなり、最後には中国製の作品にとってかわられるだろう。そうするために、中国共産党は得意の方法を採用する。つまり、アメリカ映画に割当制を適用し、中国共産党がハリウッドのスタジオに中国企業との合弁を押し付け、中国企業がアメリカの技術と手法を獲得するのである。実際、ある中国の映画会社の役員が、最近になって「我々はハリウッドからすべてを学んだ」と言っていた。こうして、二〇一九年には、中国でもっとも興行収入が高かった映画十作品のうち八本が中国製となった。

バー司法長官によれば、中国に頭を下げているのはハリウッドだけではない。アメリカの大手ハイテク企業は、中国の影響の人質になっている。二〇〇〇年には、アメリカは中国との貿易関係を正常化して、クリントン大統領は、新世紀には「自由が、携帯電話とインターネットのモデムによって広がるだろう」と公言した。しかし実際には、それからの十年間に、シスコなどのアメリカ企業は、中国共産党がＩＴの万里の長城を築くのを、つまり世界でもっとも洗練されたインターネットの監視および検閲システムを築くのを支援した。

グーグル、マイクロソフト、ヤフーやアップルなどは、長年にわたって中国共産党に喜んで協力してきた。たとえば、アップルは、中国政府が香港での民主化要求デモの報道に対して非難すると、中国のアプリケーション・ショップからニュース・アプリケーションの「クオーツ」を取り下げた。アップルはまた、監視と検閲の障壁を回避できるヴァーチャル民間ネットワークをアプリケーション・ショップから撤去した。一方、アップル社は、一部の iCloud のデータサーバを中国国内に移転すると発表した。これによって、iCloud に貯蔵されているeメールや、テキスト・メッセージに対して中国共産党がアクセスしやすくなると懸念されている

アメリカ司法省は、ペンサコーラ海軍航空基地で八人のアメリカ人を射殺したアル・カイーダのテ

ロリストが使用していた二台の携帯電話情報を入手した。銃撃戦の間に、そのテロリストは携帯電話の電源を切って、さらに二台のうち一台を撃ちぬいたので、司法当局はその携帯電話にテロ活動に関する非常に重要な情報があるだろうと推測した。それから四ヶ月半かけて、その携帯電話情報の入手に努力したが、その間アップル社からの支援はなかった。最終的に、その情報入手に成功すると、そこに攻撃前日までの中東のアル・カイーダ司令部との交信データがあった。

ところでアップル社が中国で携帯電話を販売するとき、中国国内のアップルの携帯電話は中国官憲による盗聴を受けていないだろうか。中国国内の携帯電話は、中国の官憲から遮断しては販売できないだろう。アメリカでは司法捜査に協力しないアップルが、中国の要求には従っているのだ。

全世界的に、中国政府の信用がしだいに失墜するのと並行して、中国の官憲およびその代理人はアメリカなどの企業家に対して中国共産党が望む言動を強いるようになった可能性がある。中国市場から利益を得たい企業家に対して、中国での売り上げの良し悪しは中国共産党の要求に従うかどうかにかかっていると示唆する。さらには、アメリカの企業経営者に対して、圧力をかけるか、裁判にかけるという脅しによって、中国が望む政策を推進させ、あるいはアメリカの政治家に働きかけるように仕向けさせている。つまり、中国政府は、アメリカ人の後ろに隠れて影響力を高めるのである。議会関係者もしくは政策立案者は、そうしたアメリカ企業家の声を聴きがちである。アメリカの政治家は、外国人の声より、選挙区民の声に親近感を抱いている。そこで中国は姿を隠しながら、立法過程に影響力を行使しており、そのロビー活動は民衆の声の形で成果を上げるのだ。

そのとき、多くのアメリカの企業家たちは、自分が中国のロビーストを演じているとは思っていない。それは、中国でのビジネスには常に必要な、影響力のある人物との人脈関係、つまり関係（Guanxi）だと思っている。しかし、そうした企業家の行動が、アメリカの外国エージェント規制法の対象になるかもしれない。この法は、外国のエージェントの代理人、もしくは政治的その他同様の活動をする場合には、司法省に届け出て、その関係を公表することを要求しているからである。

アメリカにおいて、中国の影響力行使作戦の標的は企業家だけではなく、学術機関や研究所も潜入し、監視し、取り込む対象である。たとえば、アメリカの数十の大学は、中国政府が資金を提供する「孔子学院」を受け入れていたが、それは北京から見て好ましくない主張を沈黙させ、好ましくないイベントを中止させるための圧力を大学に加えたとみられる。

グローバル化された世界において、アメリカの企業や大学は、アメリカのものというより世界の市民であると自認しているかもしれない。しかし、それらの企業や大学は、アメリカの自由な経済制度、法の支配、アメリカによって保障された経済、技術、軍事力による安全保障があったからこそ、今までの成功があるのだと銘記すべきである。

グローバル化が、常に一層の自由の実現に向けて進んでいるとは限らない。世界が、共産党の中国が叩くドラムの音に合わせて進んでいけば、自由市場、自由な取引、自由な思想に依存してきた企業、機関にとって、はなはだ居心地の悪いことになるだろう。

かつて、第二次世界大戦の際、ディズニーは、政府のために広報宣伝映画を何ダースも作った。その中にはアメリカの兵士教育ビデオまで含まれている。戦時中は、九〇％以上のディズニーの職員は、軍事訓練や政府宣伝の映画作成に従事していたほどである。アメリカ軍の士気を上げるために、ディズニーは航空機、トラック、飛行服、その他の軍事物資につける記章をデザインし、それらがアメリカ軍および連合軍に使用されたのである。

もしウォルト・ディズニーが今日、彼の会社が外国の独裁者のために働いていると知ったなら愕然とするだろう、とバー長官は語った。しかし一九九七年にディズニーが「クンドゥン」という、チベットのダライ・ラマ十三世を中国が弾圧したことを描く映画をつくろうとしたときは、ディズニーは勇気ある決断を見せた。つまり、中国共産党がディズニーに対してこの映画の製作をやめるよう圧力をかけたが、ディズニーは、外国の権力がアメリカ国内で、特定の映画の配信をやめさせることなどできないと判断して製作したのだ。しかしこの結果として、中国国内ですべてのディズニー映画の上映が禁止されることになると、ディズニー社は、中国政府から上映許可を得るために必死のロビー活動を行ってＣＥＯ（最高経営責任者）が「クンドゥン」の件は「愚かな過ちだった」と謝罪する結果となった。

それ以後のディズニーは、大いに中国への配慮を示すようになり、上海に五十五億ドルかけてテーマパークをオープンさせた。その際、ディズニーは中国政府の官僚が、そのテーマパークの経営に加わることを認めたほか、三百人の中国共産党員を正規職員として受け入れた。それらの職員は、自分の机に「ハンマーと鋤」の、中華人民共和国のシンボルマークを掲示していて、就業時間中でもオフィスで開かれる共産党の集会に参加している。

しかし、ディズニーも最後には、他のアメリカ企業と同様に、アメリカ企業の原理原則について中国の圧力に屈した結果の対価の大きさに気づくことになる。実際、ディズニーが上海にテーマパークをオープンして間もなく、そこから数百マイル離れたところで、まるで白雪姫その他ディズニーのキャラクターそっくりのキャラクターを使った中国資本のテーマパークが現れたというニュースに接することになった。

実は、アメリカの企業は常に、次の四半期の売上を念頭に行動するが、中国共産党は数十年から数世紀という長い期間で物を考えている。その結果、ディズニーその他のアメリカの企業が北京政府からの圧力に従っていると、やがてその企業は競争力を喪失して衰退の憂き目にあうばかりではなく、自由な経営原理そのものを中国によって奪い取られてしまうのだ。

中国共産党は、中国政府および中国社会の様々な手段を総動員して、またアメリカの組織の開放性を悪用して、アメリカの自由で開かれた体制そのものを破壊するために攻撃を仕掛けてきた。我々の次の世代に、自由で繁栄した世界を受け継がせるためには、自由世界においても、公共部門と民間部門の両者は、基本的な区分を維持しながらも相互に協力して、不当な支配に抵抗し、世界経済の主導権争いに勝利するために、全社会を挙げた取り組みが必要である。バー司法長官は、アメリカ人、アメリカ政府、そしてアメリカ企業は最終的には勝利を得られるだろうとの期待をもって講演を結んだ。

「共産主義中国と自由世界の未来」――ポンペオ国務長官

一連の対中政策講演の最後として、七月二十三日、ポンペオ国務長官がニクソン記念図書館において「共産主義中国と自由世界の未来」と題する講演を行った。なお、この場には、何人かの中国の反体制派の人びとが聴衆として参加した。

ポンペオ国務長官によれば、中国からのアメリカに対する脅威を明確にし、トランプ大統領の対中政策の目的を明確にし、アメリカが確立してきた自由を守るための戦略を明らかにすることが、この講演の目的であった。

振り返ってみれば、米中関係のはじまりは一九七一年のキッシンジャー博士の中国秘密訪問であり、その翌年一九七二年にはニクソン大統領が訪中した。それから今日までほぼ五十年が経とうとしているが、その間に、世界は全く変わってしまった。というのは五十年前のアメリカは、中国との関係について、公正な協力関係により明るい未来を作り出せると想像していたからである。しかし二〇二〇年の世界では、中国共産党がルールを守らなかったために、マスクが義務付けられ、毎日パンデミックによる死者数がメディアから報じられている。それに加えて、毎日、香港や新疆ウイグルでの人権弾圧についての新たなニュースを新聞で読んでいる。

つまりアメリカの五十年に及ぶ対中国関与政策は、期待していた結果をもたらさなかったという厳しい現実を率直に認めなければならない。そしてアメリカ経済を守り、アメリカのライフスタイルを守るために、今や戦略が必要であり、それを実行することで自由世界は、独裁体制に勝利を収めなければならない。

それでは中国との関与政策に取り組み始めたニクソン大統領の事績についてどう評価すべきなのか。ニクソン大統領の施策は、当時のアメリカ人が最善だと信じたことを実行したもので、それはそれで正しかった。

五十年前の中国は、中国共産党の国内政策の失敗によって衰弱していたが、それでも中国の重要性を認識していたことについて、ニクソンは評価されるべきである。一九六七年にニクソンは、「長期的に見れば、中国を友好国の外に永遠に遠ざけておくことはわれわれには不可能である。……世界は、中国が変わらない限り安全ではありえない。それゆえ、我々の目的は、我々に可能な限り、中国に影響を与えることである。我々の目標は、それによって変化を誘発させることである」と論じていた。

ポンペオ国務長官によれば、この論考の中で、カギとなるのは「変化を誘発する」というところである。そして、ニクソン大統領は、北京への歴史的な訪問によってアメリカの対中関与戦略をスタートさせた。ニクソンとしては、より自由で安全な世界の実現のために、中国共産党が約束を果たすことに期待していた。実際、当時のアメリカの政策立案者たちは、中国は豊かになれば、開かれた社会になり、国内を自由化し、海外への脅威も減少して、友好的になるに違いないと考えていた。

しかし、アメリカの対中関与政策の遂行は、変化を誘発することで中国を変えるという、ニクソン大統領が期待していたような結果にはならなかった。確かにアメリカの関与政策やその他自由主義諸国の対中援助政策によって、中国経済は活性化した。しかし、これによって復活した中国は、世界が自分に差し伸べてくれた手にかみつく結果になった。

つまり、アメリカは中国市民を受け入れようと手を広げて歓迎したが、中国共産党はアメリカの自由で開かれた社会を食い物にした。そして中国は、諜報要員を記者会見の場に、研究センターに、高等学校に、大学に、さらにはＰＴＡの集会にまで送り込んだ。

五十年前、一九七九年のアメリカは、やがては活発な民主主義を実現させる台湾の友人たちを世界の片隅へと追いやる一方で、中国共産党国家に対して、特別な経済優遇策を適用した。確かに中国共産党は、西側諸国の企業の対中進出を認めたが、その見返りは、中国の人権弾圧に対して沈黙を守るよう要求されただけだった。

例えば、北京政府を怒らせないために、マリオット社、アメリカン航空、デルタ航空、ユナイテッド航空などのアメリカ企業は、自社の公式ウェッブサイトから「台湾」という表記を撤去した。オブライエン補佐官が指摘したように、ハリウッドでは、控えめに言っても、中国にとって好ましくない表現について自主検閲をしている。こうした中国共産党への服従は一般化し、ほぼ世界中で行われるようになっている。しかし、アメリカその他の企業のこのような対中配慮が報われることはない。なぜならバー司法長官が指摘した通り、「中国の支配者の究極の野望はアメリカとの経済交流ではなく、アメリカを凌駕すること」だからである。

中国は、アメリカの優れた知的財産や企業秘密のほか、全米百万人の仕事を奪い取った。また中国は、アメリカからサプライチェーンをかすめ取るとともに、「奴隷労働」によって製品を供給してきたのである。

ニクソン大統領は、世界を中国共産党に対して開放した結果、「フランケンシュタイン」をつくってしまったのではないかと恐れていたが、現状ではまさにそうなっているといわざるをえない。その原因を検証すれば、アメリカは中国共産主義の敵意に満ちた姿勢に対してナイーブであったか、あるいは冷戦の勝利に奢っていたか、資本家の臆病のせいか、あるいは北京政府の「平和的台頭」というごまかしのせいか、いろいろ思い当たることがある。しかし理由はなんであれ、今日、中国は国内でますます独裁的になり、世界中に向けて自由への敵意を煽り立てている。それでもアメリカは、中国との対話を続けていくつもりだが、トランプ政権は過去の多くの政権のように中国に屈服することはしない。これがポンペオ国務長官の決意である。

すでにオブライエン補佐官が詳述したように、今日、アメリカでは、中国共産党の体制をマルクス・レーニン主義の制度であると認識している。要するに、習近平総書記は、破綻した全体主義イデオロギーの信奉者なのである。過去数十年にわたって、中国の共産主義による覇権獲得を目指した流れは、まさにこのイデオロギーから発したものである以上、今日のアメリカとしては、中国との根本的な政治的、イデオロギー的な違いを無視することはできない。

下院情報委員会、中央情報局（CIA）長官、さらにその後二年間のアメリカ国務長官としての経験から、ポンペオ国務長官は以下のことを確信したという。すなわち、共産主義中国を改変させる唯一の方法は、アメリカが中国共産党指導者の発言にではなく、その行動に依拠して判断し、対処することである。レーガン大統領は、ソビエト連邦に対抗する際に「信ぜよ、されど確認せよ」を原則としていたが、ポンペオ国務長官は、中華人民共和国に対抗するには「信じるな、されど確認せよ」でなければならないと述べた。

そして、アメリカだけでなく、世界の自由を愛する国々は、ニクソンがかつて望んだように、中国の変化を誘発しなければならないのである。そのために、アメリカと同様に、その同盟国、友好国は、まずは中国共産党に対する認識を改めるところから始めなければならない。つまり、アメリカとその友好国は、中国を他国と同様の普通の国として扱ってはいけないのである。

今やアメリカは、中国との取引は、他の普通の「法を守る国」との取引とは違うことを知っている。つまり北京政府は、国際的な「合意」、あるいは「協定」を提案するのだが、それも世界制覇への経路にすぎないのである。

アメリカはまた、中国共産党が背後に控えている企業との取引が、カナダの企業との取引とは異なることを知っている。中国の企業の多くは国有企業であって、そもそも利潤追求の必然性がない。その好例がファーウェイ（華為）だ。ファーウェイを、単にスマホの購入者が友人たちと通話ができる通信機器を販売する会社だなどと認識してはいけないのであって、実態に即して、国家安全保障に対する脅威として取り扱わなければならないのである。

また、アメリカ企業が、中国国内に投資することは、結果的に中国共産党の人権侵害を支援することになっている。だからアメリカ財務省および商務省は、世界の各地で基本的な人権を侵害し蹂躙していることを理由として、中国の国家および企業の指導者をブラックリストに掲載した。

さらに、中国人の留学生や会社員は、単にお金を稼ぎ、知識を得るために来た留学生や従業員なのではなく、知的財産を盗み出し、中国に持ち帰ろうとしている者が少なくない。だから、司法省他の省庁としては、こうした犯罪の追求を積極的に進めなければならないのである。

また、アメリカは人民解放軍が、通常の軍隊ではないことも知っている。その存在目的は、中国共産党のエリートによる完全支配の実現と中華帝国の拡大であって、中国国民の生活の安全の維持ではない。

だからアメリカ国防省としては、東シナ海や南シナ海一帯および台湾海峡で、「航行の自由作戦」を強化してこれに対抗している。さらにアメリカは宇宙軍を創設して、この最後のフロンティアにおける中国の侵害を防ごうとしているのである。

またアメリカ国務省は、過去数十年間に蓄積された対中不均衡を是正し、公正な相互主義に基づいて、トランプ大統領の目標の達成を支援してきた。例えば先日、ポンペオ長官はヒューストンの中国領事館の閉鎖を発表したが、それはそこが中国のスパイおよび知的財産窃取の拠点になっていたことが判明したためである。

またポンペオ長官は、二週間ほど前に、南シナ海において中国の戦略核の実態に合わせ、中国に対する核戦力を変更すると発表した。そして国務省としては、あらゆるレベルにおいて、また全世界で、中国のカウンターパートに公正と相互主義とを要求することにしている。

しかし、アメリカ政府は、ただ強硬策をとるだけではなく、一方では中国国民を力づけなければならないのだ。すなわち行動的で自由を愛する中国国民は、中国共産党と完全に区別しなければならない。つまりアメリカは、このような個人を相手とする対中外交を始める。このためにポンペオ国務長官は、有能で勇気ある中国人に会いに行くことにして、新疆の改造キャンプから脱出したウイグル人やカザフ人と、あるいはゼン司教（陳日君）やジミー・ライ（黎智英：蘋果日報の創業者）など香港の民主化指導者と会い、さらには講演の二日前にはロンドンで、香港自由化の闘士ネイサン・ロー（羅冠聡）とも会ったのである。

さらにポンペオ長官は、先月にはオフィスで、天安門事件の生存者から事件について聞きとりをしたが、そのうちの一人である王丹は、この日の講演会場に来ていた。また、中国の民主化運動の父とされる魏京生もこの会場に招かれていた。

ポンペオ長官は、冷戦の時期に陸軍で過ごしたが、その時に学んだことは、共産主義者は常に嘘をつくということだ。中国共産党の最大の嘘は、彼らが十四億の人民の声を代弁しているということで、実は、人民は監視され、抑圧されているにすぎない。しかし中国共産党は、その権力を失わないために、いかなる敵よりも、中国人民の本音を恐れてもいるのである。

何十年もの間、アメリカのリーダーは、目の前の中国の国家体制の本質を見誤り、勇気ある反体制派の声を無視し、あるいは軽視してきたが、もはやアメリカ政府は、それを無視することはない。そして中国共産党の立ち居振る舞いを変えさせることは、中国人民だけの責務ではないので、アメリカその他の自由を愛する国家は、自由を守るために行動しなければならない。無論それは容易ではないが、ポンペオ国務長官は、それを実行できる確信があると表明した。

なぜなら、アメリカにはソ連に勝利した実績があるし、中国共産党はソ連が犯したのと同じ間違いをいくつか繰り返しているからである。だからポンペオ長官は、自由や民主の価値それ自身によって、アメリカの自由を守ることができると確信していた。

そうはいっても、崩壊したソ連と、現状の中国との間には違いがある。ソビエト連邦の経済圏が孤立していたのとは違って、中国は世界経済にしっかり組み込まれている。しかし、アメリカが中国に依存している以上に、中国経済がアメリカに依存していることも事実なのである。

我々の未来は、中国共産党が覇権を掌握するように運命づけられている、などという見方は間違っている。アメリカが衰退しつつあるので、中国の台頭に対抗しようとしてもそれは失敗する運命にあり、誰も運命には逆らえない、などということも事実ではない。

ポンペオ長官が先日、ミュンヘンで語った通り、今でも自由世界の優位を信じるべきであり、それに誇りを抱く必要がある。なぜなら、全世界の人々は、今でも開かれた世界の実現に期待を持っている。だから世界各国の人びとは、アメリカに来て学び、仕事に就きたいといい、生活の場を求めてアメリカまでやって来るのだ。一方、それと同じように、ぜひ中国に移住したいという人はいない。

今こそ自由な国々が行動すべき時である。各国は協調して、それぞれが中国共産党に対して相互主義、透明性と責任を果たすことを求めるべきである。しかし実のところ、これは簡単ではないし、とりわけ小国にとっては困難である。だからといって、もし今行動を起こさないなら、遂には中国共産党によって自由は侵食され、法に基づく秩序は腐敗させられてしまう。今、膝を屈してしまえば、我々の子ども、そしてその子どもたちまでもが、中国共産党の慈悲の下で暮らさなければならなくなるのである。

これに対して、アメリカ政府の処方箋は、かつてソ連に対して実行したような「封じ込め」政策の発動ではない。それよりもっと複合的な新たな手法であり、今まで取り組んだことのないものである。だからこそ、アメリカだけでこの挑戦に取り組むことはできない。国連、NATO、G7諸国、G20などの協調、協力による経済的、外交的、軍事的パワーこそが、この課題を進めるのにふさわしいのである。

要するに、価値観を共有する国々の新たな結束、新たな民主主義の同盟の時代なのである。そしてもし自由主義世界が変わらなければ、共産主義中国が我々を変えることになるだろう。

中国共産党からアメリカの自由を守ることは、今の時代の使命である。そしてアメリカは新たな民主主義の同盟をリードすべき立場を与えられている。

アメリカは、すべての人間は奪いとることのできない権利をもっている、という価値観に基づいて建国された。だからこそ、世界においてこれらの権利を守ることはアメリカ政府の責務である。ポンペオ国務長官によれば、この価値観こそがアメリカをして、中国国内の人々を含む世界の人々にとっての、自由のかがり火にさせているのである。

実のところ、リチャード・ニクソンが一九六七年に「世界は中国が変わらない限り安全ではない」と書いたのは正しかったのである。それゆえポンペオ長官は、最後に、「今こそ、自由世界は行動しなければならない。我々は過去に戻ることはできないのだ」というニクソン大統領の言葉をもって講演を閉じた。

第五節　バイデン政権下の日米中台関係

荒れた二〇二〇年米大統領選挙

二〇二〇年のアメリカ大統領選挙は、開票結果を巡って荒れた。

大統領選挙の投票日は、法律の規定によって十一月の第一月曜日の次の火曜日、つまり、二〇二〇年の場合は十一月三日であったが、開票結果の確定は順調には進まなかった。

一つの原因は、新型コロナウイルス感染拡大のなか、投票所での感染回避のためということで郵便投票を認めたためである。それでも十一月七日になってABC、CNN、NBC、AP通信、ロイターなど主要な報道機関が、ペンシルベニア州、ミシガン州、ウィスコンシン州といういわゆるラストベルト三州でバイデンの得票がトランプを上回る見通しとなり、バイデン候補の大統領選挙人獲得数が、過半数の二百七十を超えて当選確実になったと報じると、大勢が決まった。

それでもトランプ陣営は敗北を認めなかったが、十一月十三日に主要メディアが全米五十州の勝敗が判明したとして、バイデン候補の獲得選挙人数三百六人、トランプ大統領は二百三十二人だと報じたことでほぼ決着がついた。つまり、トランプ大統領の再選失敗が確実になったのだが、現職大統領の落選は一九九二年選挙での共和党のジョージ・H・W・ブッシュ以来、二十八年ぶりだった。

その後も、トランプは敗戦を認めず、法定闘争などを続けたが、同年十二月十四日の大統領選挙人による大統領本選挙の投票結果、バイデン三百六対トランプ二百三十二という、大統領選挙人選挙と同じ数字となったことで、事実上決着がついた。投開票をめぐる訴訟についても、十二月十一日に、連邦最高裁が四州での訴訟すべてについて上告棄却の判決を下したことで、トランプ陣営としてはすでに発表された結果を覆す方法が事実上なくなった。

こうして二〇二一年一月六日、連邦議会の上下両院合同会議で、各州から送られてきた選挙人投票結果の正式な確認が行われ、七日にその結果が議会承認されて、バイデンの大統領当選が確定した。

「繁栄し安全な」インド太平洋から「自由で開かれた」インド太平洋へ

ところで、日本の菅義偉首相は二〇二〇年十一月十二日に、ジョー・バイデン（Joe Biden）次期大統領と電話会談を行った。この中でバイデンは、日米安保条約五条の下での、日本の安全保障上の危機事態へのアメリカのコミットメントを確認するとともに、「繁栄し安全なインド太平洋地域の礎として日米同盟を強化する」と述べた。

この発言は、一見してトランプ大統領の国際戦略を継承しているようだが、実は重要な点で相違があった。すなわちバイデンは、トランプの「自由で開かれたインド太平洋戦略」の「自由で開かれた」の代わりに「繁栄し安全な」と言い換えたのである。

ところで、「自由で開かれた」は、抑圧され自由が否定された、閉鎖的な体制に対する反対概念であり、独裁的で全体主義の、特定の価値観を強制する政治経済状況に対するアンチテーゼである。端的には、中国や北朝鮮の共産主義に基づく一党独裁体制や、イスラム原理主義によって、インド太平洋地域が支配される事態を拒否することが、「自由で開かれた」の意味である。つまり、インド太平洋地域を自由、民主と法の支配が貫徹する地域にしようとする意図が込められている。

これに対して、「繁栄して安全な」では、上記の意味合いが含まれないか曖昧になる。というのは、今の香港のように、自由と民主が否定されても、経済的に豊かで賑やかであれば「繁栄」していることになるし、厳しい統制下の社会は、犯罪や混乱が起きにくいので「安全」である。ある意味で、監獄の中は「安全」だし、「繁栄」とは言えないが、衣食住が足りて「安定」している。つまり、自由主義や民主主義がなくても、繁栄することはあるし、自由や民主がなくても「安全」と「安定」は実現する。

したがって、「繁栄して安全な」インド太平洋の実現は、「自由で開かれた」状況とは異なる可能性があり、一党独裁の共産主義やイスラム原理主義を許容する可能性がある。

それでは、なぜバイデン次期大統領は、「自由で開かれた」の代わりにあえて「繁栄して安全な」という表現を使っただろうか。それには二つの理由が考えられる。すなわち、その一つは、よく言われていたように、バイデン大統領の家族には中国とのビジネスを盛んに行っている者があるため、トランプ政権のような中国との対決姿勢をとりたくない事情があって、「自由で開かれた」インド太平洋戦略の代わりに全体主義国中国との良好な関係が許容される「繁栄して安全な」インド太平洋の実現という言葉を用いたという解釈である。

しかし、これはバイデン大統領が就任演説で人権重視の姿勢を明示したことと矛盾してしまう。ビジネスの関係がどうであろうと、バイデン大統領は公式に、自由と民主主義と法の支配を重視する姿勢をとる。すると、強引に「繁栄して安全な」について悪意を込めて解釈しなくても良いかもしれない。

もう一つ別の解釈は、この直前まで激しい選挙戦を戦い、投開票後も就任式直前まで選挙結果について争いあった、共和党トランプ大統領との確執である。すなわち、「自由で開かれたインド太平洋」自体は、バイデンも大統領として目指すべき構想だとしても、トランプ大統領発の構想・キーワードをバイデンは使いたくないということである。それで、同じような内容だが異なる表現として、「繁栄して安全な」という語をわざわざ選んだのではないかということである。人間とはそうしたものかもしれない。

しかし、上述のごとく、実は「自由で開かれたインド太平洋」という構想は、トランプ大統領発ではなく、日本の安倍晋三首相発である。それなら、バイデン大統領としてもあえて「繁栄して安全な」などという語を振り回さず、すでに定着していた「自由で開かれた」を使って構わないわけである。

そう考えてみると、一月十二日にオブライエン大統領補佐官が「戦略枠組み」を機密解除して公表した際の付属文書において、「自由で開かれたインド太平洋」という構想が、トランプ大統領発ではなく、日本の安倍首相の発想から出たものだということを明示して強調したことには意味があったことになる。そのことを「戦略枠組み」の序言に書き込んだことは、事実を忠実に示すためだけではなく、後に続くバイデン政権に引き継いでもらうための配慮だったのかもしれない。

いずれにしても、二〇二一年一月二十日にバイデン大統領が就任式を無事に終えると、それから一週間後の一月二十八日、菅義偉首相との電話会談が実施された。十一月の電話会談は、バイデンが大統領に就任する前であったし、当選祝いのようなものに過ぎなかったから、これがバイデン政権下における初めての日米首脳会談となった。

この会談において、バイデン大統領は、日米安保条約第五条の適用範囲に尖閣諸島が含まれることを明示した。また、バイデン政権のアメリカによる、日本の防衛に対しての揺るぎないコミットメントが表明された。つまり、日本の安全保障上の危機に際して、アメリカは、軍事行動を含めて対応するということである。

オブライエン補佐官によって公表されたトランプ政権の「自由で開かれたインド太平洋戦略枠組み」

では、第一列島線上の同盟国、友好国の安全保障についてアメリカが保証することを求めていたが、バイデン政権でも、尖閣諸島が日米安保の対象に含まれるとしたこと、そして日本の防衛に対する揺るぎないコミットメントを表明したことから、トランプ政権の東アジアに対する安全保障政策が大きく変わるものではないことが確認された。

そのことは、バイデン大統領が、アメリカのインド太平洋地域におけるプレゼンスの強化が重要であると表明したこと、さらには「自由で開かれたインド太平洋」の実現に向けて緊密に連携する意思を示したことによっても裏書されている。

以上のように、十一月の電話会談では「繁栄して安全な」インド太平洋と言ったバイデン次期大統領が、大統領就任後には「自由で開かれた」インド太平洋へと文言を改めたことは注目に値する。日本外務省の担当者が、事前にバイデン大統領のスタッフに対して、「自由で開かれたインド太平洋」構想が日本の安倍首相発であることを改めて説明したということも奏功して、バイデン大統領がこの表現を受け入れたと言われている。

バイデン大統領およびその政権スタッフは、これ以後、この言葉がトランプ政権からの継続であるからという忌避感を示すことはなかった。

台湾海峡の重要性への言及

その後、バイデン政権の外交・安全保障政策を占う重要な機会となったのが、ブリンケン国務長官（Antony John Blinken）の初めての外交演説であった。

三月三日に行われた外交演説で、ブリンケン国務長官は、中国との関係は「二十一世紀における最大の地政学的な試練」であると述べて、アメリカの対外関係の中で対中関係の重要性を鋭く指摘した。しかも、二十一世紀が始まってから未だ二十年ほどの段階で、あえて「二十一世紀における最大の」試練とまで表現したことは、対中関係の緊張がバイデン政権の政権担当期間だけでは終結しない、長期的な課題となる可能性を示唆している。

また、ブリンケン国務長官は、対中外交において、同盟国および友好国との連携を強化して対抗すると表明した。つまり、アメリカ一極体制が崩れた今日の国際社会において、しかも中国が人口・国土大国としてのみならず、経済大国さらには軍事大国、科学技術大国として立ち現れてきた現実を前に、超大国としてのアメリカが一国で対処するのではなく、同盟国・友好国との連携を強化して中国に対抗する必要性に率直に言及したものである。

さらに、中国は「安定的で開かれた国際秩序に本格的に挑戦する力を有する唯一の国」であると述べて、二十一世紀前半の世界における中国の特殊性を明示した。つまり、国際社会の秩序に動揺を与える国というだけなら、他に北朝鮮、ロシア、さらにはアフガニスタンほかのイスラム原理主義国が想定されるが、そうした国々のなかで中国だけは別格だと明示したのである。

アメリカの同盟国および友好国は、世界に多数存在しているし、同盟国としては、日本のほかにN

ATO諸国を挙げることができる。しかし、「国際秩序に本格的に挑戦する力を有する唯一の国」が中国だとすれば、これに対処する上でもっとも重要な同盟国は、地理的にみて日本ということになる。そして東アジアの友好国として、トランプ政権が明示したのは韓国、モンゴル、台湾であった。このうち、第一列島線上に位置するのは、日本と台湾である。

ここで先の日米首脳会談でのバイデン大統領の発言の意味と、ブリンケン国務長官の外交演説の意味の違いを検証してみよう。実は、日米の首脳としての最初の顔合わせでは、お互いを重要なパートナーとして遇したとしても、そこには多少なりとも「外交辞令」の匂いがする。しかし、外交実務にあたるブリンケン国務長官の外交演説は、特定の国に顔を向けて発表したものではないだけに、バイデン政権の国際認識として、割り引くことなく受け止めるべきであろう。

その翌日、三月四日にシンクタンクで講演したアメリカ・インド太平洋軍のフィリップ・デービッドソン司令官（当時、Philip "Phil" Scot Davidson）は、インド太平洋地域でアメリカと同盟国が直面している最大の危機は、中国による従来の抑止力に対する侵食であると述べて、アメリカを中心とする同地域の安全保障体制が深刻な危険にさらされているという認識を示した。さらに、尖閣諸島付近への中国海警局の船舶による日本の領海への侵入や、中国軍による度重なる台湾周辺への威嚇的な飛行について、深刻に懸念していると述べた。

実際、二月九日には、中国軍のH６爆撃機とＪ11戦闘機が台湾に接近したが、さらに翌十日には、H６とＪ11が台湾海峡の中間線を越えて台湾側に進入したため、台湾軍機が緊急発進する事態となった。同二十八日にも、H6がバシー海峡を往復して、台湾の防空識別圏に一時侵入した。こうした中国軍機の活動は二〇二〇年秋から活発化しており、これに対応するため、三月二十五日には米台間で海上警備や情報共有を強化する覚書が調印された。すると三月二十八日、中国人民解放軍の早期警戒機とY8哨戒機のほかJ11戦闘機など八機の合計十機が台湾の防空識別圏に進入する異例の事態となった。米台の合意に対する示威行動であろう。

こうした中国軍の動きについて、デービッドソン司令官は、三月九日にアメリカ上院軍事委員会の公聴会で、中国はルールに則った国際秩序におけるアメリカのリーダーとしての役割を、二〇五〇年までに取って代わろうという野心を強めているのではないかと憂慮していると証言した。さらに、向こう十年あるいは今後六年で、中国の台湾に対する野心が明らかになると述べて、六年以内にも中国が台湾に侵攻する可能性があると示唆した。

中国による台湾への威嚇、あるいは侵略行動については、三月二十三日に次期インド太平洋軍司令官に指名されたジョン・アキリーノ太平洋艦隊司令官（John Christopher Aquilino、四月三十日にインド太平洋司令官に就任）は、中国は台湾に対する支配権の獲得を「最優先課題」に位置づけていると指摘するとともに、中国による台湾侵攻の脅威は「大多数の人たちが考えるよりも非常に間近に迫っている」と警鐘を鳴らした。これに対して、「我々は受けて立たなければならない」としたが、六年以内に中国が台湾に侵攻して支配下に置くとの見方は否定した。

いずれにしても、アメリカ軍の当該地域担当司令官は、台湾情勢をめぐって中国の侵略意図について切迫した危機感を抱いていることが窺える。

そうした中、三月十二日にテレビ会議方式で、菅首相、バイデン大統領、オーストラリアのモリソン首相（Scott John Morrison）、インドのモディ首相（Narendra Damodardas Modi）による、史上初のクアッド首脳四者会合がもたれた。

日米同盟間は別として、日豪間では二〇〇七年に第一回の双方外務・防衛閣僚によるいわゆる2プラス2会議が開催されてから、二〇一五年の第六回会合まで適宜2プラス2会議が開催されてきた。その後、二〇一七年に第七回会合が日本側の岸田外務大臣および稲田防衛大臣、オーストラリア側のビショップ外務大臣およびペイン国防大臣との間で四月二十日に開催されたときには「自由で開かれたインド太平洋戦略」の推進を意識したものとなっていた。続く二〇一八年十月十日にも、日本側の河野外務大臣および岩屋防衛大臣と、オーストラリア側のペイン外務大臣およびパイン国防大臣による第八回日豪2プラス2会合を開催して、日豪間での外交、安全保障協力の強化が進められていた。しかし、日米豪にインドを加えて「自由で開かれたインド太平洋」構想の中核となる四ヶ国の首脳が会合を持つのはこれが初めてであった。

このクアッド首脳会合において、四首脳は法の支配や航行の自由など「自由で開かれたインド太平洋」の推進で合意したが、バイデン大統領は「クアッドがインド太平洋の重要な協力の場になる」と強調した。

ところで、その後の台湾と日米同盟の関係について画期となったのが三月十六日に開催された「日米2プラス2」会議であった。実は、バイデン政権発足後初めてのブリンケン国務長官とオースティン国防長官（Lloyd James Austin III）によるリアルな外遊となったのが、この会議のための日本訪問であった。新型コロナウイルス感染拡大のなかで、各国間の外交がテレビ会議やオンライン会合として行われる機会が多いなか、あえて二人の長官が実際に来日したことは、バイデン政権の対日関係重視の表れである。

日本側の茂木敏充外相、岸信夫防衛相と、アメリカ側のブリンケン国務長官、オースティン国防長官との四者会合では、東シナ海および南シナ海への軍事的進出が著しく、新疆ウイグルや香港での人権弾圧・抑圧を強める中国に対して、日米で対抗することが合意されるとともに、日米同盟の強化と日本の防衛力の向上が合意された。実務担当責任者間での日本の防衛力向上の合意は、日本政府が防衛力強化の具体策を講じることを、アメリカに対して約束したことになる。

さらに、日米2プラス2閣僚会合では、「台湾海峡の平和と安定の重要性」が強調された。これは、空母「遼寧」を含む中国艦隊が宮古島と沖縄本島との間の宮古海峡を通過して西太平洋へ進出するなど、中国海軍の東シナ海、南シナ海にとどまらない活発な行動や、中国軍機の台湾周辺での威嚇的な飛行等について、日米双方の外交・防衛閣僚が危機感を共有して、内外に注意を喚起したものである。ここで用いられた「台湾海峡の平和と安定の重要性の強調」という文言は、これ以後、日米間に限らず、東アジア情勢および「自由で開かれたインド太平洋」構想が論じられる機会では常に繰り返されることになる。その意味で、この日米2プラス2会合での台湾海峡情勢に関する認識の共有は、バイデン政権下の台湾と日米同盟にとって画期となったといえる。

「両岸問題の平和的解決を促す」

日米2プラス2会合を終えたブリンケン国務長官とオースティン国防長官は、日本を後にすると、翌三月十七日には韓国を訪問した。中国の覇権拡張的行動の活発化のなかで、「自由で開かれたインド太平洋」の維持を目指すアメリカとしては、朝鮮半島情勢も重視しており、トランプ政権の「自由で開かれたインド太平洋戦略枠組み」においても、韓国との同盟関係の重要性が言及されていた。韓国側の日本との合意違反に起因する日韓関係の軋轢(あつれき)の高まりのなかで、アメリカとしては韓国との関係確認のために外交・国防閣僚が韓国を訪問したのである。なお、アメリカの2トップによる訪韓は十一年ぶりの出来事であった。

韓国を後にした二人の閣僚は、それぞれ別行動をとることになった。オースティン国防長官はインドのニューデリーを訪問して、シン国防大臣と会談した。米印の防衛担当閣僚は、両国間の軍事協力を強化することで一致するとともに、「自由で開かれたインド太平洋構想」については、日米豪印の四ヶ国、すなわちクアッドの協力によって推進することで合意した。これで三月十二日のクアッド首脳会談での合意について、米印の国防閣僚が、軍担当者として確認したことになる。

他方、ブリンケン国務長官は、アラスカのアンカレッジに取って返した。そこでサリバン大統領補佐官（Jake Sullivan）と合流して、三月十八日、訪米した中国の楊潔篪共産党政治局員および王毅国務委員兼外相を迎えた。こうしてバイデン政権下で初めての米中外交当局者の直接会談が実現したのだが、同会合において、異例の激しい応酬がテレビカメラの前で展開された。

メディアに公開で行われた会談冒頭の発言で、ブリンケン米国務長官は、中国による新疆ウイグル自治区や香港での人権侵害および民主派弾圧、さらには台湾情勢、アメリカに対するサイバー攻撃や同盟国への経済的威圧などを取り上げた。これに対して、楊潔篪共産党政治局員が、アメリカの黒人差別問題を取り上げ、「多くの米国民はアメリカの民主主義を信頼していない」と批判を展開し、アメリカからの中国人権問題批判は内政干渉であると激しく反論した。この発言が十五分に及んだ結果、当初のメディア公開予定時間を超えてしまったため、取材クルーはこのタイミングで会場から出ようとした。ところが、ブリンケン国務長官がこれを押しとどめて、メディアの前で中国に対する反批判を展開した。すなわち、「中国による一連の行動は、世界の安定維持の役割を果たす『ルールに基づく秩序』を脅かしている」など中国を改めて攻撃したのである。これには中国側も応戦して、結局、一時間に及ぶ米中間の批判合戦がメディアを通じて米国内外に公開される事態となった。

テレビカメラの前での米中の激しいやり取りは、計算されたパフォーマンスという部分があるにしても、バイデン政権発足前からささやかれていた対中宥和姿勢への懸念を払しょくする効果があったかもしれない。

バイデン政権下での台湾と日米同盟にとって、四月十六日にワシントンで開かれた日米首脳会談が第二の画期となった。前年、二〇二〇年九月に総理大臣に就任した菅義偉首相にとって、これが初の訪米であり、またバイデン大統領にとっても、これが就任後初めての直接対面による首脳会談であった。バイデン政権下において、対面としては初の2プラス2閣僚会合、そして対面で初の首脳会談が、ともに日米間で行われたことは、双方にとっての日米関係の重要性を示すものである。

同首脳会談の成果として、「新たな時代における日米グローバル・パートナーシップ」と題する長文の共同声明が発表された。同声明は、この会談によってインド太平洋地域、そして世界全体の平和と安全の礎としての日米同盟を新たにすることを宣言し、自由、民主主義、人権、法の支配、国際法、多国間主義、自由で公正な経済秩序を含む普遍的価値および共通の原則に対するコミットメントによって、日米両国が強く結びつけられていることを確認するものであった。また、自由民主主義国家同士の協働によって、自由で開かれたルールに基づく国際秩序への挑戦に対抗しつつ、日米は、新型コロナウイルス感染症および気候変動によるグローバルな脅威に対処できることを証明すると誓った。

また、菅首相とバイデン大統領は、「日米両国の歴史的なパートナーシップは、両国の国民の安全と繁栄にとって不可欠」であるという認識を共有して、「自由で開かれたインド太平洋を形作る日米同盟」について詳細に論じた。

すなわち、経済その他の手法によって威圧するなど、ルールに基づく国際秩序に反する中国の行動について、また香港および新疆ウイグル自治区における人権状況に対して、日米両国は深刻な懸念を共有すると述べて、ここで「中国」に直接言及した。

また、日米両国は、中国による「東シナ海におけるあらゆる一方的な現状変更の試みに反対する」こととし、さらに「南シナ海における、中国の不法な海洋権益に関する主張および活動への反対」も表明した。さらに日米両国は、国際法により律せられ、国連海洋法条約に合致した形で、航行および上空飛行の自由が保証される、「自由で開かれた南シナ海」における「強固な共通の利益」を再確認した。

そして日米首脳会談後の共同声明は、「日米両国は、台湾海峡の平和と安定の重要性を強調するとともに、両岸問題の平和的解決を促す」と明言した。つまり両首脳の合意事項として、先の日米2プラス2閣僚会議の「日米両国は、台湾海峡の平和と安定の重要性を強調する」に「両岸問題の平和的解決を促す」が加えられたのである。これは、中国による台湾併呑に向けた武力発動への強い懸念を表明し、中国に自制を求めたものである。

さらに日米両国は、皆が希望し実現を求める、「自由で、開かれ、アクセス可能で、多様で、繁栄するインド太平洋」を構築するために、かつてなく強固な日米豪印（クアッド）の結束を通じて、オーストラリアおよびインドを含め、さらには同盟国やパートナーと引き続き協働していくことで合意した。すなわち、中国の覇権主義的な行動に対抗する機構として、日米同盟、米豪同盟と日豪協力にインドを加えたクアッドを強化していくこと、さらには同盟国やパートナーと協力して行動するという方向を鮮明にした。ここでいう同盟国には、イギリスやＮＡＴＯ諸国が、そしてパートナーには台湾が含まれる。

なお共同声明では、「新たな時代における同盟」として、環境問題に対する日米共同での対応、デジタル経済および新興技術、新型コロナウイルス感染拡大対策における日米両国の協力の構築についても述べた。

さて、その後の重要外交イベントを跡付けてみると、日米2プラス2と日米首脳会談で確立された、東アジアの安全保障についての共通認識が、日米からその他の自由・民主主義諸国へと拡大され、共有されていったことが明らかになる。

五月五日には、首脳会議の準備会合として、G7外相会議が開催されたが、その共同声明は「自由で開かれたインド太平洋を維持することの重要性を強調」すると述べ、さらに「台湾海峡の平和と安定の重要性を強調し、両岸問題の平和的解決を促す」として、日米首脳会談の共同声明の文言がそのまま反映された。つまりここにおいて、日本とアメリカに加えて、イギリス、フランス、ドイツとカナダも、この認識を共有したということである。

同会議は、これに加えて、世界保健機関（WHO）会合への「台湾の意義ある参加」を支持することも表明した。つまり、二〇二〇年一月から世界に広がった新型コロナウィルス感染拡大のなかで、中国に隣接する台湾は大きな脅威にさらされたが、WHOに加盟を認められていないために、世界各国との円滑な情報共有に課題が生じた。しかも、台湾は感染拡大封じ込めに成功しており、二〇二〇年四月末から二〇二一年四月までは、外国からの入国者を別として、国内感染をほとんどゼロにまで抑制したのに、その対処法ついて他国と情報共有することもできなかった。誰が考えても、感染症の拡大と抑制という、まさに人道問題、医療の問題については、政治的思惑を離れて世界で情報を共有することが、お互いの利益である。

しかし、国連安全保障理事会常任理事国でもある中国が、台湾は自国の不可分の一部であると主張し、台湾の国際社会における存在を否定しているため、台湾がＷＨＯに参加することは不可能になっている。二〇〇八年から二〇一六年の、国民党馬英九総統当時の台湾は、中国の主張に妥協して、台湾が中国の一部であることを認めたため、ＷＨＯにおける中国の枠を使う形で、ＷＨＯの年次総会に台湾代表がオブザーバー参加した。しかし、政権交代で成立した民進党の蔡英文政権は、台湾は中国の一部であるという中国の事実に反するため、中国の妨害によって台湾代表はＷＨＯの会議に参加することができなくなった。

ちなみに二〇二一年の台湾人の三分の二は、「自分は台湾人であって中国人ではない」と考えており、中国との統一を望む人々は、八％ほどに過ぎない。

こうして台湾が含まれないため、ＷＨＯの感染症拡大防止対策に地理的空白が生じているので、Ｇ７外相会議はＷＨＯへの台湾の有意な参加を支持したのである。なお、日本の茂木外相も、そのメンバーの一人であった。

ここでの合意は、その後、六月十一日の参議院本会議での決議に対する茂木外相の答弁に反映された。すなわちこの日、参議院では、「ＷＨＯ総会への台湾のオブザーバー参加を認めるよう関係各国に呼び掛ける決議」が全会一致で採択された。これは与野党を問わず、さらには自民党から共産党までの一致した賛成による決議である。前述の通り、このように純粋な人道上の問題の決議について、政党政派を問わず賛成したことは、日本の議会の健全性を示したものといえる。

ところで、この決議について、同日の本会議に出席した茂木外相は、ＷＨＯは「地理的空白を生じさせるべきではない」との見解を示し、それゆえＷＨＯ総会への台湾の参加について、日本政府は関係各国への働き掛けを続けるという意向を明示した。

この対応はごく普通のようだが、日本の対中外交の歴史をたどると、意義深い発言であったことがわかる。

すなわち、第二次世界大戦後の日本は敗戦国として、戦勝国であった連合国による占領支配を受け、昭和二十年九月から二十七年四月まで、外交権をもたなかった。それが四月二十八日にサンフランシスコ講和条約が発効して独立を回復すると、同日に、台湾の中華民国との間で「日華平和条約」が調印された。すなわち、日本は昭和十二年七月から同二十年八月まで戦った相手国である中華民国との講和条約を、連合国の多数と同時に講和を結んだサンフランシスコ講和条約とは別に、一対一で締結した。これによって、日本が外交関係を持つ「中国」は、昭和四十七年（一九七二）九月まで、台湾の中華民国だった。

現実には、一九四五年から四九年まで続いた中国国内での国民政府軍と中国共産党軍との国共内戦の結果として、四九年十月一日には、北京で共産党が支配する中華人民共和国の建国が毛沢東によって宣言されていた。したがって、これ以後は、大陸中国に中華人民共和国、台湾に中華民国が併存する状態となった。しかし、日本は、すでに中華民国が台湾に移転した後の一九五二年に、その中華民国との講和を結び、国交を樹立した。その後、一九七二年九月二十九日に、いわゆる日中国交正常化で、日本が中華人民共和国との国交を樹立すると、台湾の中華民国との「日華平和条約」は失効した。

このとき、日中共同声明第三項において、中華人民共和国は、台湾は中華人民共和国の不可分の一部であると主張したが、日本はこれを承認せず、「理解し尊重する」とした。日本は、ポツダム宣言第八項によって、それまで領有していた台湾について主権を放棄したが、その帰属先については連合国に委ねることにした。しかし、日本は、日中共同声明において、台湾が中華人民共和国の一部であるとは認めなかったので、翌日九月三十日に自民党両院議員総会に参加した大平正芳外相は、「両国が永久に一致できない立場を表した」と明確に述べている。

しかし、「理解し尊重する」の「尊重する」が独り歩きすれば、台湾は中華人民共和国の不可分の一部であるという中国の主張に同調することになりかねない。この点について、茂木外相の発言は、台湾がWHOに参加しないことで「地理的空白を生じさせる」ことになっているという認識を示したわけで、中華人民共和国がWHOに参加していても、台湾は中華人民共和国によって代表されない、つまりその一部であると日本は認識していないことを明示したことになる。これによって茂木外相は、一九七二年九月三十日の大平外相の説明を忠実に受け継いでいることを改めて示した。それと同時に、この決議に示されたとおり、日本は、WHO総会への台湾の参加について日本政府は関係各国への働き掛けを続けることで、台湾の国際社会における生存を支援し、感染症対策について協調する姿勢を示したものであった。また、この決議は六月十一日に可決されたが、これは十二日から開催されるG7首脳会談に向けて、日本のWHOに対する姿勢を明示するものともなった。

さて、話が多少前後するが、五月二十七日に、オンライン形式で日EU首脳会談が実施され、菅義偉首相とミシェルEU大統領およびフォンデアライエン欧州委員長がテレビ画面上で顔を合わせた。EUは国家ではないが、ヨーロッパの二十八ヶ国をまとめる国際社会の主体として重要な存在である。今日では、ヨーロッパ主要国でこれに参加していないのはスイスと、二〇一九年一月をもって離脱したイギリスくらいである。

しかし、EUは多数の国家から構成されるだけに、利害関係は複雑で、中国との外交・貿易関係が緊密で、経済的に相互依存が高いイタリアのような国も含まれている。それゆえ、EUとして対中関係についてなど、統一的な政策を積極的に打ち出すことは容易ではない。そうしたなかで、この会議では「台湾海峡の平和と安定の重要性を強調し、両岸問題の平和的解決を促す」という、日米首脳会談以来の東アジア安全保障認識の「定型文」がそのまま合意された。

さて、新型コロナウイルス感染拡大について、「ウイズコロナ」路線に完全に方向を定めたイギリスは、躊躇なくG7首脳会議を対面で開催した。六月十二日に、イングランド南西部のコーンウォールに、主要七か国の首脳が一堂に会して、久々の対面でのG7会合となった。ここでも新型コロナウイルス対策その他、多様な議題が話し合われたが、インド太平洋の国際戦略については、共同声明で「我々は、包摂的で法の支配に基づく自由で開かれたインド太平洋を維持することの重要性を改めて表明する」として、日米豪印が進めている自由で開かれたインド太平洋の構想について、イギリス、フランス、ドイツ、イタリア、カナダの首脳もこれを認めた。さらに、「我々は、台湾海峡の平和および安定の重要性を強調し、両岸問題の平和的な解決を促す」として、日米首脳会談によって定まったこの地域についての基本政策の文言を踏襲した。さらに、「我々は、東シナ海および南シナ海の状況を引き続き深刻に懸念しており、現状を変更し、緊張を高めるいかなる一方的な試みにも強く反対する」として、事実上、中国に対して警告を発したのである。

その後のＥＵでは、欧州議会外交委員会が九月一日に、台湾との投資協定や、台湾にあるＥＵ代表事務所に「台湾」の名前をつけることなどを推奨する報告書を、全七十票中六十票の賛成をもって採択した。

すると、ヨーロッパ主要国のなかでＧ７でもＥＵでもないスイスにおいて、九月十四日に連邦議会下院が台湾との関係を強化する議案を、賛成百二十九、反対四十三、棄権五の賛成多数で可決した。これによって、スイス政府は、議会に対して台湾との関係強化の具体策を提出する義務が生じた。これについて、ニコラス・ウォルダー下院議員は、「台湾は、私たちが民主主義、人権尊重、自由主義的経済秩序を共有しているパートナー国だ」と述べている。

その翌日から、ＥＵ二十七ヶ国が「新たなＥＵ・中国戦略に関する報告書」について二日間の討議を経て十六日に採決された。その結果、賛成五百七十、反対六十一、棄権四十の圧倒的多数でこの報告書は採択された。この中で、台湾については、「志を同じくするパートナーとの連携構築」のセクションで言及され、ＥＵ外の「民主的かつ同志」である諸国として、アメリカ、カナダ、英国、日本、インド、韓国、オーストリア、ニュージーランドとともに台湾とも協力関係を強化するようＥＵ加盟国に呼びかけることとなった。また、台湾との二者間投資協定の推進や、ＷＨＯ、国際民間航空機関（ＩＣＡＯ）、国連気候変動枠組条約（ＵＮＦＣＣＣ）への参加支援を提言するなど、台湾との関係強化を謳った。すなわちＥＵとしては、南シナ海について「開かれたインド・太平洋」を支持して、インド、オーストラリア、日本などの自由・民主主義の国々との関係を一層緊密にすることとした。

また、同日にＥＵの外相に相当するボレル外交安全保障上級代表が、インド太平洋戦略の具体案として、台湾との貿易や投資を強化することを表明した。安全保障では、中国の海洋進出を念頭に、インド太平洋における航行の自由の確保や法の支配を重視して、ＥＵ諸国の艦船をインド太平洋地域に展開する方途を検討することとした。その際、日本やインド、さらにはインドネシアとの協力強化も進めることとしている。

他方、九月十五日に、オーストラリア（Australia）のモリソン首相、イギリス（United Kingdom）のジョンソン首相とアメリカ合衆国（United States）のバイデン大統領が、安全保障協力の枠組みとして、三ヶ国名の頭文字ＡＵ＋ＵＫ＋ＵＳを繋げたＡＵＫＵＳの発足を発表した。その翌日、九月十六日には、米国務省でアメリカとオーストラリアの外務・防衛閣僚協議、すなわち米豪2プラス2も開催されたが、両国政府は、インド太平洋地域における台湾の役割の重要性を強調して、国際機関への参加を支持することとした。

さらに十月二十一日、欧州議会は、欧州連合（EU）に対して台湾との関係強化を求める報告書を、賛成五百八十、反対二十六、棄権六十六の圧倒的多数で可決した。

この報告書は、EUの台湾駐在出先機関の名称を、従来の「欧州経済貿易弁事処（事務所）」から「EU駐台湾弁事処」に変更するように求めるとともに、EUと台湾の二者間投資協定締結に向けた準備作業に早急に着手するように要求している。さらに、中国による台湾への軍事的な圧力の強化に対して強い懸念を表明しており、中国と台湾の緊張緩和および台湾の民主主義を守るために、EUがより積極的に取り組むように求めている。

以上のように、バイデン政権成立以後の世界では、「自由で開かれたインド太平洋」の維持が、日米そして日米豪印のクアッドの合意事項となるとともに、G7でもその推進が確認され、さらにはEUにおいても基本路線として採択されたのである。

これと並行して、台湾についても、「台湾海峡の平和と安定の重要性を強調し、両岸問題の平和的解決を促す」ことが、自由と民主主義を信奉し、法の支配を尊重する主要国の間においては、二〇二一年秋までに共通の政策として確立されたのである。

第六節　日米台関係の一歩前進

他者・他国は侵略せず、同胞を侵略する中国

一方、中国の習近平共産党総書記は二〇二一年七月一日、「中国共産党結党百年式典」において、一党独裁の継続と台湾併呑への野心を改めて公言した。

すなわち、この日の演説で「中華民族の血の中には他者を侵略し、覇を唱えようとする遺伝子はない」「中国人民はこれまでに一度も他国の人民をいじめ、抑圧し、隷属させたことはなく、これは過去にも、現在にもなく、また今後もありえない」と述べた。その上で、台湾海峡「両岸の同胞」、つまり大陸と台湾の「すべての中華の子女」の共通の願いが祖国の完全な統一だと主張した。

しかし、現に中国共産党政権はウイグル族、チベット族を侵略し、抑圧し、隷属させている。習近平の言に従えば、これらの人びとは「他者」や「他国の人民」ではなく「同胞」や同じ「中華の子女」ということだろう。事実は、中国共産党が、異国、異民族を併合し、隷属させて「同胞」呼ばわりしているにすぎない。

すると七月五日、麻生太郎副首相兼財相（当時）が、自民党衆議院議員の会合において、中国の台湾政策について以下のように解説してみせた。すなわち「いきなり爆撃するとか、いまの時代はそん

なもんじゃない」と否定したうえで、「ストライキやデモが台北市内でわんわん起きて、総統府が占拠され、総統が逮捕拉致される」という事態を想定し、そうした場合に、中国が台湾側の要請を受けて、即座に鎮圧に乗り出すとの見方を示し、「『中国の内政問題だ』と言われたら、どう世界は対応するか。香港も同じようなことだったのではないか」という最悪のシナリオを描いて見せた。

続けて麻生副首相は、台湾海峡情勢をめぐって「大きな問題が起き、日本にとって『次は』となれば、存立危機事態に関係してくるといってもおかしくない。日米で一緒に台湾の防衛をやらないといけない」と述べた。これはつまり、台湾海峡において中国が台湾に向けて武力攻撃を行うような事態になれば、それは台湾の有事といういわば「他人事」で済ませられる状況ではなく、日本自体の「存立危機事態」になっている、との認識を示したのである。

その場合、あるいは尖閣諸島が、あるいは沖縄や南西諸島が、中国の武力攻撃にさらされるか、切迫した危険性がある状態になる。そうなれば、日本とアメリカが一緒に台湾の防衛をしなければならないことになる。台湾の防衛は台湾という他者の問題ではなく、そのまま日本および日本人の平和と安全の維持のために必要になるのである。

こうした見方を、政府与党自民党の副総理兼財相が、公開の場で語ったことで、日本政府内にある台湾をめぐる切迫した認識の一端が示された。

すると七月二十九日、超党派の国会議員による日華議員懇談会（古屋圭司会長・自民党）が三ヶ国議員による「日米台戦略対話」のウェブ会議を開催した。この会議は、古屋会長の呼びかけで、事務局を務めた日華懇事務局長の木原稔衆議院議員の準備によって、三ヶ国の与野党代表が画面越しとはいえいわば一堂に集まって「戦略対話」を実現させたものだ。

日本側では、古屋会長、木原事務局長のほか、日華懇副会長の立憲民主党・中川正春衆議院議員（元文科相）、同じく副会長で公明党の富田茂之衆議院議員（元財務副大臣）、さらに副会長の維新の会・石井章参議院議員と同幹事の自民党・山本順三衆議院議員、それに加えて日華懇の役員ではないが、国民民主党の前原誠司衆議院議員（元外相）も参加した。

つまり、共産党を除く主要政党すべてから議員代表が参加した。

また、台湾からは、立法院長（国会議長）で与党・民進党の游錫堃委員（元行政院長＝首相）および同じく民進党の羅致政立法委員、国民党の陳以信立法委員、さらには台北市長の柯文哲が二〇一九年に新たに立ち上げた台湾民衆党の蔡壁如立法委員と、台湾の若い政党でいわゆる独立派といわれる時代力量（党）の陳淑華立法委員が参加した。

これも、いわゆる統一派の新党を除いて主要政党すべてから議員代表が参加した。

最後に、アメリカからは、前駐日大使で共和党のハガティ上院議員（Bill Hagerty）と、民主党のマーキー上院議員（Edward Markey）、さらに共和党のシャボー下院議員（Steve Chabot）と同じくギャラハー下院議員（Mike Gallagher）が参加した。

こちらも二大政党代表が参加したものである。すなわち、日米台三ヶ国の主要政党代表が顔をそろえて戦略対話に臨んだ。

なお、日米台戦略対話には、安倍元首相がメインスピーチをして、新疆ウイグル自治区や香港での中国による人権侵害に懸念を示し、「香港で起こったことが台湾で起こってはならないとわれわれは固く考えている」と強調した。さらに、「インド・太平洋地域の海が自由で開かれていることは決定的に必要だ。先般の日米首脳会談やG7サミットで台湾海峡の平和と安定が明記されたことは極めて大きい」と、先述の通りの台湾をめぐる自由・民主主義国家の認識の共有を評価した。

安倍元首相はまた、中国側に台湾の世界保健機関（WHO）年次総会へのオブザーバー参加を認めるよう要求するとともに、米国と台湾に対しては、環太平洋戦略的経済連携協定（TPP）への参加を呼びかけた。

これに対してハガティ前駐日大使は、米国と日本、台湾は民主主義と自由を守ってきた共通の価値観に立脚する国である、との認識を示した。また、「われわれの生き方がかかっている。自由に発言し、自由に信仰し、自由に繁栄することを必ず守らなければならない」として中国による人権侵害を厳しく牽制した。

以上のように、日米台の議会代表者による対等の立場での戦略対話を、日本が仕切る形で実現したのである。これは、台湾と国交を持たず、そればかりか台湾についての一切の法的基礎がない日本では、日台政府間の交渉や対等な話し合いができないなかで、政権に代わって議会が国家を代表する会議を開催したという形を整えるため、三ヶ国の主要政党代表を網羅したものであった。台湾をめぐる安全保障情勢が緊迫し、世界各国がその存続に注目する事態となったなかで、政府間で実現できない対話を、日米台の議員間に置き換えて実施したもので、その初会合をこのタイミングで開催した意義は大きい。

次に、八月二十八日には、今度は「日台議員2プラス2対話」が開催された。日本側は自民党政調会、外交部会長の佐藤正久参議院議員と国防部会長の大塚拓衆議院議員、台湾側は民進党党団書記長・国際事務部主任の羅致政議員と元陸軍砲兵大尉、外交および国防委員会招集委員の蔡適應議員が参加した。中国からの圧力が高まり、台湾海峡の安全、ひいては日本の安全への懸念が増すなか、日台政府間交流に制限があるため、与党議員間の交流を強化すべきだとする自民党の提案で実現したものだ。

同対話では佐藤外交部会長が、与党議員の交流を通じ、日台双方の協力関係を強化していきたい考えを示すとともに、上述の日米台戦略対話とは異なり、参加者が与党の政策担当責任者の議員同士に限定されていることで、発言に具体性があったとして、対話の継続の意義を強調した。なお佐藤議員は、中国が近年、一方的に地域の現状を変えようとしていることは、台湾海峡の安全のみならず、日本の安全にも影響することから、日本側として台湾との交流を強化すべきだという考えを有していると述べた。その上で、今回の交流が今後も継続されることへの期待を表明した。

また、大塚拓国防部会長は、日台は同じく東シナ海付近に位置し、同じように中国に直面しており、日台は運命共同体であるとの認識を示した。さらに、中国が軍事力を大幅に向上させ、地域の状況を不安定にしているので、自民党国防部会が提出した防衛力の抜本的強化のための提言や防衛関連費の増強などが抑止力となればよい、との見解を表明した。

これに対して、羅致政委員は、この春に出された「自民党台湾プロジェクトチーム（座長は佐藤正久議員）の提言に台日関係の推進における日本側の決意と方向性を感じた」とした上で、地域情勢の変化を前に、台日は共同の利益と価値観、共同のビジョンを有しているので、「将来的には、共同の行動によって目標を達成したい」との希望を述べた。また、このような対話によってポジティブで具体的な成果を得られることに期待が表明された。

最後に、蔡適應委員は、「今回の対話は両国間の絆を象徴している」と述べ、この対話の仕組みが慣例となり、既存のルート以外に、新たな意思疎通のルートが切り開かれることへの期待が示された。

振り返ってみると、二〇一九年二月二十八日に蔡英文総統が産経新聞のインタビューに応えた際に、台湾と日本の間の安全保障は実務上の協力を極めて必要としているとの認識から、台湾は日本との間で経済・貿易における実務に留まらず、安全保障の実務における対話に高めたいとの希望が示されていた（産経新聞二〇一九年三月二日）。蔡英文総統は、台湾問題をめぐる日本側の事情を正しく認識しており、「日本側が法律上の障害を克服し、われわれと相互協力や、有効な情報交換の機会を持つことができるのを期待している」と述べて、日本側に課題を投げかけていた。

しかし、これに対する日本側の回答は、二〇一九年三月八日の菅義偉官房長官（当時）記者会見および同日の河野太郎外相記者会見の二人の閣僚による一言一句違わぬ答弁であった。すなわち、「一九七二年の日中共同声明にある通り、日本と台湾との間では、非政府間の実務関係を維持していくのが日本政府の立場」であるとし、「政府としては、今申し上げた立場に基づいて適切に対応」するということであった。

非政府間の実務関係でも、経済・貿易・文化などの交流促進は事実上可能であるが、ことが安全保障となると担当するのは自衛隊、軍であって実質的な対話も協力も民間では不可能である。蔡英文総統が求めたように、日本側はぜひとも法律上の障害を克服して、つまりは日台の政府間交流を可能にする法的根拠を置くことが望ましい。しかし、今回行われた「日米台戦略対話」と「日台議員2プラス2対話」は、ともに民主主義の三権分立体制の国家として、「非政府間の実務関係」の進展の余地を具体的に示したものとして、日米台関係の一歩前進を示したものとなった。

無論、安全保障協力のさらなる進展のためには、直接の政府間交流と協力に道を拓く、「日台交流基本法」制定のような法的整備の促進が必要である。これについては、日本李登輝友の会が同法制定の政策提言を提出しているが、二〇二一年三月二十四日には、自民党の保守団結の会（代表世話人　高鳥修一、城内実、赤池誠章、会員数は国会議員四十八名）が「日台交流基本法」制定推進の決議をした。なお、同会には安倍晋三前首相、古屋圭司日華懇会長、高市早苗政調会長が顧問に就任している。

いずれにしても、これらの日本と台湾およびアメリカの努力に対して、早速、中国外交部の趙立堅発言人が、「台湾は中国の領土の不可分の一部」であり日本は「内政干渉」をやめ「台湾独立勢力に誤ったシグナルを発しないよう」にと抗議した。中国からの強硬な反発は事前に想定されていたが、このプロジェクトに参画した三ヶ国の各政党は、あえてこの会合を実現させたものであった。

中華民国の台湾化の完成

辛亥革命当時、台湾は日本の統治下に置かれていたから、台湾にとって辛亥革命はもともと他人事である。それゆえ十月七日、コロナ禍で二年ぶりに東京で開かれた台湾主催の「国慶節」祝賀パーティの看板には「辛亥革命百十周年記念式典」の文字はなく、「中華民国国慶節」の代わりに「中華民国（台湾）国慶節」と書かれていた。謝長廷代表（大使に相当）は冒頭のあいさつで、辛亥革命から百十年の歴史的意義には一切触れなかったが、例年と異なる看板表記について次のように説明した。「日本と中華民国が断交し五十年近くとなり、日本の若い世代の多くは、『中華民国』を知らない。台湾の憲法に基づく名称は、『中華民国』であるが、『中華民国憲法』は現在、台湾においてのみ施行され、民主化も台湾で実現している。それゆえ私たちは今、国際社会に向けて『台湾』を強調する必要がある」ということだった。

かつて中華民国は、国際場裡で「中国代表権」を主張して、中華人民共和国と対立したが、今も憲法上は「中華民国」である。それが実は「台湾」であることを、この看板は公式行事の表記として初めて示した。

もともと中国であった「中華民国」は、台湾移転後も「中国」であると主張していたが、李登輝総統が一九九五年から「中華民国在台湾」、つまり「台湾にある中華民国」を使い始めた。あれから二十五年を経て、謝長廷代表は「中華民国（台湾）」へと歩を進めたのである。これで「中華民国」の名称は、固有名詞として継続使用されているものの、「中国」の国号というわけではなく、「台湾」に現存する国家統治体の名称にすぎないと解釈できることになった。

なお、二〇二一年十月十日、台北で開催された「中華民国中枢及各界慶祝百十年国慶大会」において、蔡英文総統は、「共識化分岐　団結守台湾」（共通認識で意見の対立を解消し、団結して台湾を守ろう）と題して演説を行った。このなかで、蔡総統は「自由で民主的な憲政体制を堅持」「中華民国と中華人民共和国が互いに隷属していないことを堅持」「主権の侵犯と併呑は許さないことを堅持」「中華民国台湾の前途はすべての国民の意思に従うことを堅持」の「四つの堅持」を提唱した。このうち「中華民国と中華人民共和国は互いに隷属していない」ということは、中華民国は台湾であり、中華人民共和国が中国であると言っていることになる。また、第四点は、東京の式典での「中華民国（台湾）」を超えて「中華民国台湾」と表現しており、事実上「中華民国の台湾化」が表明された。

活発化する日米の同盟・友好国との軍事演習

二〇二一年は、インド太平洋の安全保障にとって画期の年となった。それを象徴するのが、イギリスの最新鋭空母クイーン・エリザベスを中心とする英国艦隊、すなわち空母×一、駆逐艦×三、フリゲート×三、給油艦×一、補給艦×一の九隻の水上艦艇と攻撃型原潜アスチュート級一隻を加えた艦隊のインド太平洋への長期派遣、そして同盟・友好国との合同演習の実施である。この艦隊、すなわちイギリス海軍空母打撃群「CSG21」にはアメリカ海軍の駆逐艦とオランダ海軍のフリゲートも加わり、空母の搭載機にはアメリカ海兵隊のF―35B戦闘機も相乗りしている。同艦隊は、五月下旬にイギリスのポーツマス港を出港してから、大西洋、インド洋を経て南シナ海、日本へと到達した。

実は、同艦隊の東アジアへの到来に先駆けて、五月十一日から十六日には東シナ海で、日米豪仏の海上合同演習であるARC21も実施された。これには、海上自衛隊から護衛艦「いせ」をはじめとする四隻、この他輸送艦、ミサイル艇、哨戒機、潜水艦が参加したが、米海軍のドック型輸送揚陸艦、オーストラリア軍のフリゲート艦、フランス軍の強襲揚陸艦とフリゲート艦も加わっての演習となった。これと相前後して、日米仏三ヶ国の軍および自衛隊による九州での陸上演習も実施された。すなわち五月十五日に、宮崎県えびの市の霧島演習場で敵に占拠された離島の奪還などを想定した上陸、輸送や市街地戦の訓練が行われた。

さらに、八月二十五日から二十六日には、日本、アメリカ、イギリス、オランダ、カナダの五ヶ国の共同訓練、PACIFIC　CROWN21が実施された。そして十月二日から九日、日本、アメリカ、イギリス、オランダ、カナダにニュージーランドを加えた六ヶ国での合同訓練が実施された。これには、アメリカ海軍から、「ロナルド・レーガン」と「カール・ヴィンソン」の二隻の原子力空母、イギリス海軍の空母「クイーン・エリザベス」と、日本の護衛艦「いせ」などが参加し、超重量級の編成での訓練となった。

これとほぼ同時に、十月五日には甲板の改装を終えた護衛艦「いずも」に、アメリカ海兵隊のステルス戦闘機F―35Bが二機、順次着艦して発艦する試験が実施された。日本の海上自衛隊の艦船に米軍の戦闘機が離発着するというのは、日米同盟の歴史に新たなページを開く画期的なできごとであろう。今後、日本も配備するF―35Bについて、護衛艦「いずも」を空母として使用する途が実質的に拓かれた瞬間であった。

またこれとは別に、ドイツもフリゲート艦「バイエルン」を太平洋に派遣して、十一月五日には日本にも寄港している。

こうした海上自衛隊の累次の国際的な合同訓練、しかもそれに加わる国が、米英はもちろん、オランダ、フランス、オーストラリア、ニュージーランド、カナダと多彩な組み合わせで、東シナ海や南シナ海周辺で訓練が繰り返されたことは、大いに注目すべき事態といえよう。

このうち、アメリカ、イギリス、オーストラリアの三国は、今やAUKUSという安全保障上の協力関係を持ち、これにカナダとニュージーランドを加えると、いわゆるファイブ・アイズの構成国となる。つまり、安全保障上の各種情報を共有する、もとはといえば大英帝国に端を発する英語圏の各国が、今やいずれもインド太平洋にリアルな海軍力を共同で展開している。それに日本の海上自衛隊も加わった演習が、当たり前のように行われる時代に入ったのである。さらに、フランス、ドイツとオランダがこれに加わっている。こうしてみると、ヨーロッパのかつての海軍国、あるいはG7のメンバーで姿を見せていないのはイタリアだけである。

これもまた、冒頭に述べたとおり、今や世界の重心が北大西洋の両岸からインド太平洋へと移りつつあることを象徴する事態である。

いずれにしても、インド太平洋における安全保障協力、共同訓練の中核をなすのは日米同盟であるが、太平洋諸国と欧州主要国が加わることで、自由・民主主義陣営によるインド太平洋地域における安全保障協力体制は目に見える形で強化されている。

台湾と日米同盟

以上のように、安倍晋三首相が提唱した「自由で開かれたインド太平洋」の構想は、共和党のトランプ政権の下でアメリカの国家戦略の柱となり、二〇一八年二月には「自由で開かれたインド太平洋戦略枠組み」が策定された。二〇二一年一月に公表されたこの「戦略枠組み」は、トランプ政権の三年間に着実に実行されただけではなく、政権交代で成立した民主党のバイデン政権にも引き継がれた。こうして、「自由で開かれたインド太平洋」の構想は、G7、さらにはEU各国も重視する、自由と民主主義を信奉し、法の支配を尊重する国家群にとっての共有の指針となったのである。

そのインド太平洋が、独裁と抑圧の海になることなく、自由と民主、法の支配が行き渡る、繁栄の海であるためには、既存の国際秩序に対して不当に現状変更を試み、南シナ海を掌握し、さらには第一列島線を超えて西太平洋に進出し、あわよくばハワイからニュージーランドを結ぶ第三列島線まで、つまり太平洋の西半分を我が物にせんとする中国の野望を食い止めなければならない。

中国の拡張戦略の最前線でこれに対峙しているのが台湾である。その台湾は、民進党の蔡英文総統の指導の下、自主国防力の涵養に努めるとともに、対米関係、対日関係、さらには対EU関係の緊密化を図り、強大化する中国の軍事、政治、経済力と対抗できる態勢を整えようとしている。それを外から支える主柱が日米同盟である。かつて日本は、アメリカの傘の下に収まって、自衛の努力はそこそこ程度にとどめ、自らは経済発展に努めて日米貿易摩擦を引き起こしながら、やがて「ジャパン・アズ・ナンバーワン」と称される経済大国となった。

しかし、バブルの崩壊から失われた二十年を経るなかで、二〇一〇年には中国経済が日本経済を凌駕して、それから十年で中国は日本の三倍近い経済規模となった。経済力を背景に、また、知的財産の盗取を駆使して、軍事的にも台頭した中国は、今や世界に屹立する大国となっている。その中国は、台湾を併呑し、アジアに覇を唱え、アメリカと技術力でも経済力、軍事力でも対峙し、さらには凌駕しようとしているのである。

そうしたなかで、日本は日本らしく、台湾は台湾らしく、そしてアメリカはアメリカらしく存続し、インド太平洋地域を自由と繁栄の海にするために、日米台の三国は相互に協力して中国の野望を押しとどめなければならない。この三者の間では、対中戦略の最前線である台湾をアメリカが台湾関係法で支え、日本はアメリカとの日米安全保障条約によってアメリカから支えられるとともにアメリカを支援しようとしているが、日本と台湾との間にはなんらの支援構造が構築されてはいない。

日本は、一九九九年九月二十一日の台湾中部大地震の際に、各種団体が被災地支援に赴き、復興を支援した。また、台湾は二〇一一年の三・一一東日本大震災のとき、いち早くかけつけ、世界のどこよりも多額の義援金をもたらしてくれた。さらに二〇二一年六月、新型コロナウイルス感染がやや拡大しつつあった台湾は、中国の妨害により、契約していたワクチンの輸入が進まず、途方に暮れかけていたところを、日本が急遽ワクチンを供与したことで、一息つくことができた。「まさかの友こそ真の友」、日本と台湾は、機会あるごとにお互いを支援して、危機を乗り切ってきた関係がある。その信頼関係やよし、お互いの親近感も高い。

しかし今、台頭する中国の軍事、政治、経済的圧力によって、最大の危機に直面しようとしている台湾に対して、現状のままでは、日本は台湾への具体的な支援ができない。台湾海峡の危機は日本の危機でもある。だから、中国が大規模な軍事行動に出ることがあれば、日米安保条約が発動され、日本にも応分の働きができるかもしれない。

とはいえ中国の第一の狙いは、台湾問題を国内問題として処理し、大規模な軍事行動をせずに併呑することであろう。世論戦や心理戦で、台湾の人々の心を動揺させ、台湾人の多数が中国と対抗して台湾として存続する気力と希望を喪失し、中国の庇護のもとに生活してもよいのではないかと思ったとき、中国にとって台湾統一の野望を実現するチャンスになる。

二〇二一年現在の台湾人は、決して中国との統一を願ってはいない。台北の国立政治大学の世論調査を見れば、直ちに中国との統一を希望する国民はわずかに一・五％、どちらかといえば統一を希望するという人を加えても八％に過ぎない。九〇％の国民は、独立か現状維持を志向している。

また、ナショナルアイデンティティについても、同調査によると、「自分は台湾人であって中国人ではない」と考えている国民が六三%超、これに「台湾人であるが中国人でもある」と考える国民三〇%を加えれば九〇%以上が台湾人意識なのである。「自分は中国人」だと主張する国民はわずかに六%である。しかも、台湾人意識は一九九二年以後、ほぼ一貫して増加傾向にあり、独立志向派も一貫して増加している。つまり、時とともにますます台湾は中国ではない台湾になっているのだから、中国が台湾を併合できるチャンスは減っていく。そうであれば、経済力がピークになろうとし、軍事力もアメリカとの比較において、かつてなく拮抗、あるいは部分的には優位にあると中国が自認している今、中国は時をおかずに台湾にアプローチしようとするだろう。だからこそ、台湾の邱国正国防部長（防衛大臣に相当）は二〇二五年までに中国は台湾侵攻の準備を整えるという危険性があると警告を発し、アメリカのインド太平洋軍司令官は六年以内が危険だと指摘したのである。

中国の少子化はどこの国より極端に進み、軍事力を担う青年、製造業に参入する新規の労働力の減少が止まらない。このまま数年を経れば、中国社会を人材難が襲うことになる。

この点からしても、中国が対外攻勢に出やすい時期は、これからの数年であると予想される。逆に言えば、この五年から六年、あるいはせいぜい二〇三〇年までを台湾が自由・民主主義諸国との協力関係によって乗り切ることができれば中国による台湾侵攻のチャンスがなくなり、台湾は二十一世紀において新たな繁栄の時期、台湾としての発展のチャンスを手に入れられる可能性が高い。

日本は今、インド太平洋の海で日米同盟としてだけではなく、イギリス、オーストラリアに加えてカナダ、ニュージーランド、さらにはフランス、ドイツとの合同演習を実施している。このように台湾問題を国際化することには、中国による直接の軍事力行使を抑止する効果を期待できる。だから、台湾の歴史に自立と繁栄の新たなページを開くその時まで、日米同盟が台湾を支え、日本がアメリカとともに台湾問題のさらなる国際化に資する必要がある。

そして台湾が、必死の自助努力とともに日米の支援を得て、この苦難の時を乗り切った暁には、リニューアルされレベルアップした、日米台の友好と信頼の関係が築かれているだろう。

主要参考文献

オブライエン「自由で開かれたインド太平洋戦略枠組み」二〇二一年一月五日
https://trumpwhitehouse.archives.gov/wp-content/uploads/2021/01/OBrien-Expanded-Statement.pdf
公開された「自由で開かれたインド太平洋戦略枠組み」本文は次のＷＥＢサイトを参照
https://news.usni.org/2021/01/15/u-s-strategic-framework-for-the-indo-pacific
中国共産党創立百周年祝賀大会におけるｈ習近平総書記の演説全文
https://www.mfa.gov.cn/ce/cejp//jpn/zt/zggcdcl100zn/t1889124.htm
喬良、王湘穗著、坂井臣之助訳『超限戦』（角川新書）

第二章　戦後米台関係の変遷

国立台湾師範大學博士課程　渡辺耕治

日本敗戦と中華民国の台湾実効支配

一九四五年八月十五日、昭和天皇が「終戦の詔書」を朗読した音声の録音をラジオで放送、所謂「玉音放送」を以て、日本は「ポツダム宣言」の受諾を表明して、米・英・中・ソを中心とする連合国に敗戦したことを国民に告げた。翌九月二日、日本全権代表団は東京湾に停泊していた米国軍艦ミズーリ号の艦上において、中華民国を含む連合国各国代表と「降伏文書」を取り交わした。日本は「降伏文書」に署名した時、「ポツダム宣言」の条項を受諾し、誠実に履行することを誓い、さらに連合国に無条件降伏した日本軍支配下の全ての軍隊は、連合軍最高司令官の命令に従い、敵対行為を中止することを約束した。したがって、日本と連合国が取り交わした「降伏文書」は、日本の降伏が確定した「停戦協定」、もしくは「休戦協定」である。

「降伏文書」署名後、連合国最高司令官マッカーサーから日本政府に手交された最初の指令は「一般命令第一号」である。軍事事項の細目が規定されている「一般命令第一号」a項は次のように規定している。

支那（満州ヲ除ク）、台湾及北緯一六度以北ノ仏領印度支那ニ在ル日本国ノ先任指揮官並ニ一切ノ陸上、海上、航空及補助部隊ハ蔣介石総帥ニ降伏スベシ（The senior Japanese Commanders and all ground, sea, air and auxiliary forces within China, (excluding Manchuria). Formosa and French Indo-China

North of 16 degrees North latitude, shall surrender to Generalissimo Chiang Kai-Shek)

つまり、日本は中華民国が同地域における正当な降伏相手であると指示されたのである。換言すると、この指令に従い、中華民国は連合国を代表して台湾の接収に当たることになり、九月二十日に「台湾省行政長官公署組織条例」を公布し、陳儀を台湾省行政長官に任命して台湾に派遣した。

十月二十五日、台北公会堂（現在の名称は中山堂）において台湾投降受諾式典を挙行して、陳儀は最後の台湾総督である安藤利吉から降伏を受領して台湾を接収する。この日を以て半世紀に亘る日本の台湾統治は終焉する一方、台湾省行政長官公署は正式に発足し、陳儀が行政長官に就任した。同式典終了後、陳儀はラジオを通じて「今日より台湾は再び中国の版図に戻り、全ての土地、人民及び政務は中華民国国民政府の主権の下に置かれた」と述べ、台湾の自国編入を国際法ではなく、国内法において完了させて、台湾をその一省にするとともに、台湾総督の職権を取消したのである。こうして、台湾の行政権や軍事権は日本から中華民国へ移管され、中華民国は台湾を実効支配した。しかし、この時点において、戦争を正式に終結させる「講和条約」或いは「平和条約」は未締結であるため、台湾は中華民国に返還並びに帰属されたと雖も、台湾は国際法上日本の一部であった。

日本の戦争処理を最終的に決定して、日本と連合国の戦争状態を終了させた「平和条約」は、一九五一年九月八日に調印した「サンフランシスコ講和条約」である。日本は同講和条約第二条において台湾及び澎湖諸島の主権を放棄しただけであり、その帰属先、即ち、台湾及び澎湖諸島を如何なる国家に渡すかは明確にしなかった。これにより、台湾の地位未定が国際条約で正式に確認されたのである。さらに、「ポツダム宣言」の署名国である中華民国はサンフランシスコ講和会議に招請されなかったため、日本と中華民国の二国間関係において講和問題を持ち越すことになった。その後、日本は米国の圧力の下で中華民国と「平和条約」の交渉に入ることになり、翌一九五二年四月二十八日、「サンフランシスコ講和条約」が発効する数時間前に日本と中華民国は「日華平和条約（正式名称は「日本国と中華民国との間の平和条約」）」を締結する。しかし、「日華平和条約」第二条においても日本が放棄した台湾の主権について、如何なる国家に渡ったのか明記されなかった。但し、中華民国は一九四五年に台湾及び澎湖諸島を接収した後、台湾及び澎湖諸島を実効支配しているため、「サンフランシスコ講和条約」と「日華平和条約」においても、中華民国が台湾及び澎湖諸島を実効支配している事実は変更されていない。

二・二八事件

先の大戦で日本が敗戦した時、台湾は日本最南端の領土であり、日本の外地に属していた。したがって、日本だけでなく、台湾においても「玉音放送」をラジオで放送して、日本が敗戦したことを伝えた。多くの台湾住民は日本の敗戦を知った時、戦争が終結して安堵するとともに、半世紀に亘る日本統治から解放されることに歓喜し、台湾に新たな時代が到来することに大きな期待を抱いた。

しかし、中華民国は一九四五年十月下旬に台湾を接収した後、台湾住民が日本敗戦直後に抱いた祖国中国による台湾統治への期待感は徐々に失望に変わり、さらに絶望へと転化していった。

一九四七年二月二十七日の夕方、台湾省専売局台北分局の取締官数名は台北市街地の路上において闇煙草を販売していた婦人を取り押さえた。婦人は二人の子供を持ち、生活がかかっているので、必死になって取締官に許しを乞うた。この揉み合いで民衆が集まり、取締官と衝突するに至った。身の危険を感じた取締官は、銃剣の柄で婦人の頭部を殴打して逃げ、民衆が追いかけため、取締官は民衆に発砲した。取締官が発砲した銃弾は事件と無関係の男性に当たり死亡した。翌二十八日午前、抗議の民衆は台湾省専売局台北分局に押し掛けて、分局長と職員数名を殴って怪我をさせ、書類を焼いた。同日午後、抗議の民衆は行政長官公署に向かってデモ行進した。しかし、公署の屋上にいた警備兵は機関銃を掃射し、デモ隊に多くの死傷者が出た。これをきっかけに憤激した民衆の一部は、台北市のラジオ放送局を占拠して、台湾全土に向けて決起行動を呼び掛けた。こうして抗議行動は一気に台湾各地に拡大した。工場は操業停止に陥り、学生はストを決行して、民衆は官署や警察局を襲撃した他、日本語や台湾語を話せない人を外省人（戦後中国大陸から渡台した移民系統に属する人々）と看做して暴行を加えた。これが「二・二八事件」の発端である。

現在、「二・二八事件」に関する書籍は多数ある。その中で「二・二八事件」が発生した主な原因をまとめると、次の通りである。規範意識や遵法精神を欠いた中国人が台湾を統治して社会的混乱を招き、台湾住民の反感を買い、台湾住民の当局に対する不満が蓄積したためである。

「二・二八事件」発生後、米国駐台総領事館副領事ジョージ・カーや米国大統領特使アルバート・ウェデマイヤーは、台湾を中国大陸から切り離して国連の信託統治下に置く、或いは米国の監督下に置くべきであると米国政府に進言した。とりわけ、副領事のカーは、「二・二八事件」が発生した原因は、台湾省行政長官陳儀の失政にあると指摘して、事件発生直後、台湾住民は米国の介入を強く望んでいるため、台湾社会を安定させるためには国連の介入が必要であると主張した。しかし、当時米国は戦後の国際秩序構想に基づき、中華民国政府を支持していただけでなく、蒋介石との対立を回避するため、台北の領事館に対して決して中台分離工作の当事者とならないように強く釘を刺した。したがって、この時点において、彼等の進言が米国政府に影響を与えることはなかった。米国が中台分離を本格的に検討し始めたのは、国共内戦で中国国民党が劣勢に立たされた一九四八年末以降である。

国共内戦と中華民国政府の台湾撤退

第二次世界大戦終結前後、米国は蒋介石率いる中華民国をアジアにおけるパートナーとして期待をかけるとともに、「四人の警察官」の一人として戦後の国際秩序を維持するための一翼を担わせる構想であった。米国は中国を大国化させるため、日中戦争で弱体化した中華民国に膨大な金額の援助を実施するとともに、中国国民党を中心に、中国共産党と連立した民主主義的政権を成立させるために国共両党の調停に奔走した。しかし、米国の調停工作は功を奏さずに失敗して、一九四六年六月に至ると、全面的な国共内戦の火蓋が切られた。

国共内戦勃発直後、国民革命軍（中国国民党の党軍隊、一九四七年中華民国憲法発布に伴い、中華民国国軍と名称を変更する）は戦力の差によって戦局を有利に進めていた。しかし、国民党政府は法幣を大量に発行してインフレを招き、民衆の支持を失った。一方、中国共産党は国民党政府の強権政治、腐敗や汚職に対する民衆の反感を巧みに利用して、農村部を中心に徐々に民衆の支持を獲得し、国共内戦の形勢を逆転させていった。さらに、中華民国国軍は一九四八年九月から翌一九四九年一月にかけての三大戦役（遼瀋戦役、淮海戦役、平津戦役）において、中国人民解放軍（中国共産党の党軍隊）に敗北を喫したため、内戦の大勢が決定した。この結果、米国は戦後東アジア秩序構想の変更を余儀なくされ、国共内戦で敗走を重ねる蒋介石の国民党政府に失望して、中国情勢を静観する態度に変えていった。

共産党独裁の中国が誕生する前の一九四九年八月、米国は所謂「中国白書」を発表する。同白書は、国民党政府が国共内戦で敗北を招いた原因は、米国の援助不足ではなく、国民党政府内部の腐敗堕落と無能が抗戦能力を衰退させたのであり、その責任は国民党政府自らが負うべきであると主張した。また、米国は今後中国情勢に介入せず、国民党政府への援助も停止すると表明した。但し、米国は台湾向けの既存の経済援助については継続した。それは米国が台湾を保持するために、中国大陸と分離させて、台湾を国連の信託統治に置く構想を練っていたためである。しかし、米国は最大の盟友である英国から支持を得られなかったため、台湾を国連の信託統治に置く構想は頓挫した。

米国が「中国白書」を発表した後、ソ連は一九四九年九月上旬に核実験の成功を発表し、中国大陸においては十月一日中国全土を制圧した中国共産党が中華人民共和国を樹立する一方で、中国大陸を追われた国民党政府は態勢を立て直すため、十二月上旬に台湾に撤退した。東アジア地域において共産主義勢力が侵食しつつある状況下、トルーマン大統領は十二月三十日に国家安全保障会議において「アジアに関するアメリカの立場」と題する報告を承認して、台湾への軍事不介入を決定した。米国は中華人民共和国が共産化してもソ連と距離を置くという所謂「中国のチトー化」構想の可能性に期待をかけて、中ソ離間を誘発させるために中華人民共和国の「台湾解放」を事実上黙認した。

一九五〇年一月五日、トルーマン大統領は声明を発表して、米国は台湾海峡両岸に関する如何なる紛争にも一切介入することは無いとする所謂「台湾海峡不干渉」の方針を表明した。つまり、米国は台湾海峡の情勢に対して傍観する態度を採ったのである。トルーマン声明の要点は次の通りである。

①米国は台湾又は中国の領土を略奪する意図を有していない。
②米国は台湾において特権を取得し、或いは軍事基地を建設する考えはない。
③米国は武装部隊を使用して台湾の現状に干渉するつもりはなく、中国の内戦にも介入しない。
④米国は台湾に撤退した中華民国に対して軍事援助を提供せず、助言を与えることもしない。

さらに一週間後の十二日、アチソン国務長官は所謂「アチソン・ライン」を発表して、米国の西太平洋防衛ライン、即ち、極東における米国の防衛ラインはアリューシャン列島から日本列島、琉球列島を経てフィリピンに至るラインであると述べ、台湾と韓国をその構想から除外した。この声明は朝鮮戦争の勃発を誘発させることになるが、当時米国は国共内戦に敗北して弱体化した中華民国の台湾が中華人民共和国の手に落ちるのは時間の問題であると認識して、台湾海峡の情勢に対して、事態を静観し、塵の静まるのを待った後、中華人民共和国と関係を発展させようとした。こうして、台湾に撤退した中華民国は、頼みの綱であった米国から見放されて孤立無援の窮地に陥り、国家の存在基盤を失って衰退の一途を辿り、風前の灯であった。要するに、米国から見放された台湾と中華民国は、生死存亡の危機に直面したのである。

朝鮮戦争と台湾海峡中立化宣言

蔣介石が国家存続のために最後の望みを託していた内戦の国際化は、一九五〇年六月二十五日の朝鮮戦争勃発により劇的に実現した。六月二十七日、トルーマン大統領は一月五日に述べた「台湾海峡不介入」の方針を破棄して「台湾海峡中立化」の声明を発表した。米国は一九五〇年二月十四日にソ連と中華人民共和国が「中ソ友好同盟相互援助条約」を調印したことにより、中ソ両国の団結は不動であり、揺ぎが無く、一体となっていると認識した。このため、米国は台湾が共産主義者の手に落ちることは、アジア太平洋地域の安全を脅かすものであるとの認識を示すとともに、戦局を朝鮮半島に限定して台湾海峡における軍事衝突を防ぐために、第七艦隊に台湾海峡への出動を命じて軍事介入を行うと宣言した。つまり、米国は台湾防衛のために軍事力の行使も辞さないという強い態度を明確に示したのである。また、トルーマン大統領が第七艦隊を台湾海峡に駐留させたのは、中華民国の「大陸反攻」と中華人民共和国の「台湾解放」による武力行使を阻止するためである。この結果、中華民国と中華人民共和国の「二つの中国」は、台湾海峡を隔てて対峙しつつ競合する分裂国家の状態、即ち、「二つの中国」の分裂・分治の状態が固定化されるに至った。

一方で、トルーマン大統領は国際問題としての台湾問題、所謂「台湾地位未定論」を発表して、その解決を「太平洋地域の安全の回復、即ち、対日平和条約の締結、或いは国連による考慮を経て決定する」ものとした。トルーマン大統領は「台湾地位未定論」を提起したのは、もし台湾及び澎湖諸島は中国に帰属していると表明した場合、中華民国が既に台湾を実効支配している状況下、米国海軍第七艦隊を台湾海峡に派遣して台湾を防衛することは、法的根拠が喪失する恐れがあった。このため、台湾問題を国際問題とすることで米国の対台湾防衛、或いは米国の軍事介入を合法化させる狙いがあったと思われる。こうして、米国は朝鮮戦争勃発を契機に台湾の戦略的地位を再確認して、台湾問題におけるその立場を不干渉から地位未定へと転換したのである。

一九五〇年十月に至ると、朝鮮の戦局は重大化した。米軍が主導する国連軍は朝鮮半島の北緯三十八度線を越えて北上して、中朝国境付近まで進軍した。これに対して、毛沢東は北朝鮮を支援するために中国人民志願軍を派兵して朝鮮戦争に参戦し、米軍に大損害を与えた。この結果、米国と中華人民共和国は敵対関係になった。米国は中華人民共和国に対して全面的禁輸を実施するとともに、一九五二年九月にココムとは別に、多国間による中華人民共和国への禁輸を協議する機関としてチンコムを新たに創設して、貿易統制を実施した。さらに、米国と中華人民共和国の対立は国連においても繰り広げた。米国上院が国連に提出した中華人民共和国を侵略者とする決議案は、一九五一年二月の国連総会において可決されて、中華人民共和国を敵国と認定した。米国はこれを機に以後二十年に亘って中華人民共和国の国連加盟を阻止する一方、中華民国を中国唯一の合法政府として支持した。

朝鮮戦争勃発後、米国は国共内戦に敗北して見切りをつけた中華民国と関係強化に乗り出した。一九五一年二月、米国は中華民国と「共同防衛相互援助協定」を締結して、一旦中止した中華民国への援助を再開した。米国の対中華民国援助は、主に軍事援助と経済援助の二種類から構成され、軍事援助は一九五〇年から一九七四年に打ち切られるまで総額二十五億ドル以上、経済援助に至っては一九六五年に打ち切られるまで総額約十五億ドルを供与して、台湾の経済発展に大きな貢献を果たした。つまり、米国の援助は戦後台湾の食料不足、貿易不均衡、悪性インフレなどの問題を解決しただけでなく、中華民国は米国の援助によって、高価な原料、先進的な設備、技術的知識、資本などを獲得することができたのである。

米華共同防衛条約

中華人民共和国は朝鮮戦争に参戦すると同時に、英国が影響力を有していたチベットにも中国人民解放軍を派遣してチベット支配を確立した。このため、米国はアジア太平洋地域において共産主義勢力の侵攻を阻止するため、中国大陸周辺諸国と次々に軍事・経済面において協力体制を取り決めていった。米国は一九五一年に日本と「日米安全保障条約」、フィリピンと「米比相互防衛条約」、オーストラリア及びニュージーランドと「アンザス条約」を締結して、反共軍事包囲網を形成しつつあった。一九五三年三月、中華民国駐米大使の顧維鈞はダレス国務長官に米国と中華民国の二国間で共同防衛の条約を締結するよう提案した。中華民国は米国と防衛条約を締結することにより、中国を代表する政府の正統性を確立させ、国際的地位の安定と向上を目指す狙いがあった。しかし、ダレス国務長官は内戦状態にある国家と安全保障条約を締結することを望まず、態度を保留した。それは台湾及び澎湖諸島から距離が離れている中国大陸沿岸の扱いが定まっていない状況下、米国は再び中台間の紛争に巻き込まれることを回避する必要があったためである。また、当時米国のアジア防衛戦略は、中華民国と防衛条約を締結するよりも東南アジア条約機構を結成することが優先事項であった。さらに、中華民国と防衛条約を締結する場合、条約の適用範囲の問題、即ち、米国の防衛支援は台湾及び澎湖諸島のみに限定するのか、或いは中華民国が領有している中国大陸沿岸諸島まで含むか否かについて、条約で明記しなければならなかった。このため、米国は中華民国と防衛条約を締結することに消極的な態度を採ったのである。

一九五四年九月三日、中国人民解放軍は金門島への砲撃を開始して台湾海峡危機が発生した。この時、ダレス国防長官は米国が中華民国の領有している中国大陸沿岸諸島の防衛に介入した場合、米中戦争を招くだけではなく、米ソ戦争、或いは第三次世界大戦を引き起こす可能性がある一方で、防衛の介入を放棄した場合、日本・韓国からフィリピンに至る米国の反共防衛ラインが脅かされると認識した。このため、ダレス国務長官は国連安保理に台湾海峡危機を終息させる停戦案を提出して、事態の打開を図ろうとした。九月中旬、米国は英国やニュージーランドと協力して国連に提出する停戦案の準備を開始する。

しかし、中国人民解放軍は十一月に中華民国が領有している大陳島に爆撃攻撃を開始した。この結果、米国は態度を一変させて、中華民国と防衛条約の締結に向けた交渉を開始する。約一ヶ月に及んだ交渉を経て、十二月二日ワシントンにおいて中華民国外交部長の葉公超とダレス国務長官は「米華相互防衛条約」に署名して、中華民国の台湾は米国の防衛体系に組み込まれ、反共前哨基地の最前線の役目を担うことになった。その反面、蒋介石は米国と防衛条約を締結して強固な関係を構築したことにより、蒋介石の政権基盤は一層強固になり、強権的な権威主義体制の方向へ歩むことになった。

「米華相互防衛条約」を締結する際、懸案事項であった適用範囲について、中華民国の領土として明記されたのは台湾と澎湖諸島のみであり、中国大陸沿岸諸島については条文に盛り込まれず、「相互の合意によって決定されるその他の領域」と規定した。つまり、中国大陸沿岸諸島に対する対応を曖昧にしたのである。それは、中華人民共和国が中国大陸沿岸諸島を攻撃した場合、米国が如何なる対応を行うのか中華人民共和国に疑心暗鬼にさせておく必要があったためである。十二月十日、同条約を補足する形で葉公超とダレスの両者は交換文書に署名して、その他の領域については「有効に支配する領域」と付け加えられた。この結果、金門や馬祖など中華民国が実効支配している中国大陸沿岸諸島は同条約の適用範囲に含まれることが示唆された。但し、中華民国が中国大陸に対して軍事行動を発動する際、緊急性が認められる場合を除き、事前に米国の了解を得なければならなくなった。さらに、米国政府は中華民国国軍が部隊の配置及び配置転換を行うことに対して発言権を持つようになった。つまり、米国は国共両党の紛争が全面戦争に発展することを阻止して、さらに米国が国共両党の戦争に巻き込まれるのを回避するため、台湾海峡危機発生以前の情勢、即ち、中華民国の「大陸反攻」と中華人民共和国の「台湾解放」を抑止する体制を整えたのである。

「米華相互防衛条約」の締結に反発した中華人民共和国は、一九五五年一月十日に大陳島への攻撃を再開させた後、十八日に大陳島の北方に位置する一江山島の上陸作戦を行い、二十日に一江山島を占領した。中国人民解放軍の攻撃再開は「米華相互防衛条約」が発効する前、さらに米国連邦議会の批准を得る前に発生したため、一月二十九日、米国連邦議会は台湾海峡で紛争が生起した場合、米国大統領に台湾防衛のための軍事力行使の権限を認める「台湾決議」を採択して、台湾の防衛義務を負うことになった。

中華民国の国連脱退

一九四九年十二月、中華民国は台湾に撤退した時、事実上主権の及ぶ領域は台湾本島、澎湖諸島を含む周辺、福建省沿岸の金門島、馬祖島、大陳島、一江山島及び南シナ海にある東沙諸島と南沙諸島だけに縮小した。実効支配の領域が著しく減少したにも拘らず、中華民国は米国の後ろ盾を得て、国連における中国代表権を保持して、各国と外交関係を構築した。

一九五一年以降、ソ連やインドは毎年国連総会において交互に中国代表権の問題を提案したが、米国が提出した「審議棚上げ」案によって、中華人民共和国の国連加盟を阻止した。しかし、一九五〇年代半ば以降、新興独立国が徐々に国連に加盟したため、中華民国と中華人民共和国はともに新興国家の排他的承認を獲得するために外交闘争を繰り広げた。中華民国は主に米国が主導する西側陣営に属する新興国家と外交関係の樹立を目指した一方、中華人民共和国はソ連主導の社会主義陣営に属する国家だけでなく､西アジアやアフリカ諸国とも外交関係を樹立した。この結果､中国代表権の問題は、国連総会において単純過半数で「審議棚上げ」案を維持することが難しくなった。そこで､米国､日本､イタリア、オーストラリア、コロンビアの五ヶ国は一九六一年に国連憲章第一八条の「重要事項指定」決議案を提起して可決させた。つまり、中華人民共和国の国連加盟を重要事項に指定して、それを変更するには国連総会に出席して投票する国家の三分の二以上の賛成が必要とされた。この「重要事項指定」決議案により、中華民国は一九七〇年まで国連における中国代表権を維持することができた。

一九七〇年国連総会において、中華人民共和国を国連に招請して中華民国を国連から追放するアルバニア決議案の採択が行われ、その結果は賛成五十一票、反対十九票、棄権二十五票となった。これに先立って「重要事項指定」決議案が可決されていたため、この総会で中国代表権問題の変更が生じることはなかった。しかし、中華人民共和国の国連加盟を求める決議案が初めて過半数の支持を得たことは、各国に大きなインパクトを与えた。一九七〇年国連総会終了後、日米両国は方針転換を行い、中華人民共和国の国連加盟を認める一方、中華民国の国連追放を「重要事項」とする、所謂「逆重要事項指定」議決案としたのである。

一九七一年国連総会において、日米両国は中華民国の国連追放は重要事項であるという「逆重要事項指定」決議案及び中華人民共和国に国連安保理常任理事国の地位を付与して、中華民国の国連議席を確保しようとする「複合二重代表制」決議案を提出する。しかし、日米両国が提案した「逆重要事項指定」決議案は、賛成五十五票、反対五十九票、棄権十五票、欠席二で否決された。一方、アルバニア決議案は、賛成七十六票、反対三十五票、棄権十七票、欠席三の大差で可決された。この結果、「複合二重代表制」決議案は採択も行われず、中華民国は国連から追放されることになった。こうして、国連において、中華人民共和国は中国を代表する唯一の合法政府であると承認され、国連の中国代表は中華民国から中華人民共和国に取って代わられることになった。また、中華人民共和国が国連に加盟して中華民国が国連から追放されたことにより、国際社会における中華民国と中華人民共和国の国際的地位は逆転した。国連脱退後、中華民国は国連の付属機構や国際組織における議席が次々と奪われるとともに、各国との国交断絶が続出して、二〇二〇年七月の時点で中華民国と国交を有する国家は僅か十五ヶ国である。

上海コミュニケ

一九六〇年代後半、米国国内において泥沼化したベトナム戦争に反対する反戦デモが繰り広げられる中、一九六八年十一月の米国大統領選挙において、ベトナム戦争から撤退を訴えたニクソンが勝利した。ニクソンは勝利の見込みがないベトナム戦争を早期に終結させるには、北ベトナムの背後にいる中華人民共和国を巻き込むことが必要であると認識していた。さらに、中華人民共和国は一九六四年十月に原爆実験を、一九六七年六月には水爆実験を成功させて核保有国になったため、ニクソンはアジア地域における国際関係の情勢変化に対応するため、封じ込め政策から脱却して、中華人民共和国を取り込む重要性を認識していた。

翌一九六九年七月二十五日、ニクソン大統領はアジア歴訪中にグアムで「グアム・ドクトリン」を発表し、これまで同盟国と締結した条約規定の義務と承諾を否定しないものの、アジア諸国に対して今後自国の安全と防衛は自ら責任を負うべきであるという自助努力を促す見解を示すとともに、敵対国であっても政治制度やイデオロギーで一律に排除することはせず、可能であれば関係改善を図りたいと述べ、中華人民共和国との関係改善を仄めかした。ニクソン大統領が「グアム・ドクトリン」を発表した後、米国は中華人民共和国とコンタクトを取り始めて、対中貿易制限の緩和、米国海軍第七艦隊の台湾海峡パトロールを「常時」から「随時」に変更するなどを封じ込め政策から対中接近への姿勢を示した。

一方、中華人民共和国もソ連を牽制するために米国に接近した。一九五〇年代後半、イデオロギー論争に端を発した中ソ対立は、一九六九年に至ると、軍事対立を引き起こして深刻な状況であった。同年三月、中ソ両国の国境をなしているウスリー川の小さな中州の珍宝島において大規模な軍事衝突が起こった。さらに同年八月に至ると、中ソ間の軍事衝突は新疆ウイグル自治区においても発生して、中ソ間の不和が表面化した。この結果、中華人民共和国は米国よりも隣国のソ連の方が脅威であると認識して、ソ連を牽制するために米国に接近して和解へ踏み切った。

一九七一年七月九日から十一日にかけて、キッシンジャー大統領補佐官はパキスタンを経由で極秘で北京を訪中して、毛沢東や周恩来など政府指導部と会談を行った後、七月十五日、ニクソン大統領は全米のテレビで自身が翌年五月までに中華人民共和国を訪問することを表明した。翌一九七二年二月二十一日、ニクソン大統領は中国大陸に足を踏み入れ、毛沢東と会談を行った後、二十七日に米中共同声明、所謂「上海コミュニケ」を発表して関係正常化を行った。「上海コミュニケ」での台湾に関する事項の趣旨は次の通りである。

中国側の主張は次の通りである。

①台湾問題は米中関係正常化を阻害している重要問題である。
②中華人民共和国政府は中国の唯一の合法政府である。
③台湾は中国の一省であり、台湾解放は中国の国内問題である。

④米国の在台軍隊、軍事施設は台湾から撤退並びに撤去しなければならない。
⑤中華人民共和国は「一つの中国、一つの台湾」、「二つの中国」、「一つの中国、二つの政府」、「台湾独立」、「台湾地位未定論」など如何なる活動にも断固反対する。

これに対して、米国側は次の立場を表明した。
①台湾海峡両岸のすべての中国人が、中国はただ一つであり、台湾は中国の一部分であると主張していることを認識している。米国政府はこの立場に異議を唱えない。
②中国人自身による台湾問題の平和的解決についての米国政府の関心を再確認する。
③かかる展望を念頭に置き、米国政府はこの地域の緊張が緩和するに従い、台湾の米国軍隊と軍事施設を漸進的に減少させるであろう。

「上海コミュニケ」において、米中両国は朝鮮戦争以来の敵対関係に終止符を打って和解を行い、今後の国交樹立に向けて努力することに同意するとともに、アジア太平洋地域における覇権の追及に反対する立場を確認した。しかし、米国は「上海コミュニケ」において中華人民共和国が中国の唯一の合法政府であるという中国側の主張を承認した訳ではない。台湾問題に至っても、米中両国は意見を一致させることができず、両国の立場の違いが顕在化した。中華人民共和国は最終目標として台湾からの米軍撤退を要求したものの、その期限を設けず、「米華相互防衛条約」の廃棄などの具体策には言及していない。一方で、米国は米軍を台湾から撤退させるには、台湾問題の平和的解決と地域における緊張緩和が不可欠であると条件を付け、中華人民共和国の武力による「台湾解放」に反対する立場を示すとともに、米軍撤退の期限には一切触れていない。また、米国が表明した「台湾は中国の一部分であると主張していることを認識（acknowledge）している。……この立場に異議を唱えない」とは、台湾海峡両岸の双方が主張している「一つの中国」原則を尊重して「台湾は中国の一部分である」と述べるとともに、米国は事実上台湾独立運動を支持しないことを述べたものである。

米中国交樹立

一九七二年二月のニクソン訪中後、米中両国は国交樹立に向けて和解と接近が進み、翌一九七三年五月に至ると、米国は中華民国と外交関係を維持しつつ、中華人民共和国と大使級の所長による連絡事務所の相互設置を実現させた。しかし、ニクソン大統領は「ウォーターゲート事件」によって米国連邦議会から弾劾を迫られたため、一九七四年八月に大統領を辞任して、フォードが大統領を引き継ぐことになった。フォード大統領はニクソン大統領の外交路線を引き継ぎ、中華民国と外交関係を保持しつつ、中華人民共和国と国交樹立に向けて関係を強化するが、一九七六年の大統領選挙に敗北した。

翌一九七七年一月、カーターが大統領に就任した後、中華民国の台湾に武器売却を行いつつ、中華人民共和国と国交樹立に向けた交渉を行い、中華人民共和国との国交樹立に踏み切った。一九七八年十二月十五日二十一時（台北時間十六日十時）、カーター大統領は翌一九七九年元日に中華人民共和国と国交を樹立することを発表し、中華民国と国交断絶、「米華相互防衛条約」の終了宣告及び台湾に駐留する米軍の撤収を発表した。米中国交樹立に関する共同コミュニケの要旨は次の通りである。

①アメリカ合衆国は、中華人民共和国政府が中国の唯一の合法政府であることを承認する。この範囲内において、アメリカ国民は台湾住民と文化、通商及びその他の非政府間の関係を維持する。（美利堅合眾國承認中華人民共和國政府是中國的唯一合法政府。在此範圍內、美國人民將同臺灣人民保持文化、商務和其他非官方關係。The United States of America recognizes the Government of the People's Republic of China as the sole legal Government of China. Within this context, the people of the United States will maintain cultural, commercial, and other unofficial relations with the people of Taiwan.）

②アメリカ合衆国政府は、中国はただ一つであり、台湾は中国の一部であると云う中国の立場を認識する。（美利堅合眾國政府承認中國的立場、即只有一個中國、臺灣是中國的一部分。The Government of the United States of America acknowledges the Chinese position that there is but one China and Taiwan is part of China.）

米国は「国交樹立に関する共同コミュニケ」において、中華人民共和国が中国の唯一の合法政府であることを承認することで、国家承認を中華民国から中華人民共和国に切り替えた。つまり、米国は「上海コミュニケ」において、「中国はただ一つであり、台湾は中国の一部分であると主張していることに認識する」と表明したのに対して、「国交樹立に関する共同コミュニケ」では、「中国はただ一つであり、台湾は中国の一部分である立場を認識する」と表明して、中華人民共和国の立場に一歩歩み寄ったものとなっている。しかしながら、米国は依然として中華人民共和国の立場を認識しただけであり、中華人民共和国の立場を承認、又は同意した訳ではない。一方、中華人民共和国側のコミュニケでは米国側が同コミュニケにおいて表明した文言、即ち、「認める（acknowledge）」を「承認（recognize）」と置き換えている。これは米中両国が台湾主権をめぐる対立において、中華人民共和国側が譲歩できない立場を表明したものである。要するに、米中国交樹立の際、米中両国は台湾問題の処理について、双方の立場の相違を表明して「国交樹立に関する共同コミュニケ」に合意したのである。

米中両国はお互いに「国交樹立に関する共同コミュニケ」とは別に個別の声明を発表し、米国側は中華民国と締結した「米華相互防衛条約」を国交断絶した一年後に終了させること、在台米軍については、国交断絶後四ヶ月以内に台湾から撤退させること、今後中華民国とは非政府間の関係を維持するとともに、引き続き台湾問題の平和的解決に関心を持つことを併せ表明した。一方、中華人民共和国側は台湾の祖国復帰が中国の内政問題であると表明して、武力の不行使は誓約しなかったものの、米国側の声明に抗議を行わず、台湾に対する方針を「台湾解放」から台湾の祖国復帰による国家統一に変更した。

台湾関係法

一九七八年十二月、米中両国は「国交樹立に関する共同コミュニケ」を発表した後、米国国務省は台湾に官員を派遣して中華民国政府に対して次のような保障を提示した。（一）米国は中華人民共和国が台湾に対して主権を有していると承認していない。（二）米国は中華民国と外交関係以外の全ての関係を維持する。（三）米国は中華民国と締結した五九の条約のうち、「米華相互防衛条約」を除いて、既存の五十八の条約は断交後も継続させて両国関係の基礎とする。

十二月下旬、米国は中華民国と国交断絶後の非政府間による実務関係を維持するため、大使館に代わる新たな機構の創設などについて協議を開始した。この協議は台北とワシントンの二カ所で行い、翌一九七九年二月二十六日に双方の意見が合意に達するまで合計十七回の会議を行い、大使館乃至領事館に準ずる機構として、米国は台湾において「米国在台協会」を、中華民国は米国で「北米事務協調委員会」（一九九四年九月に名称は「台北経済文化代表処」と改められた）を発足することになった。

また、カーター政府は一九七九年一月二十六日に「台湾授権法」案を連邦議会に提出した。政府原案は中華民国と非政府間関係を維持するために必要最低限の条項を作成して、協会或いは事務所に準ずる非政府間機構の設立を目指していた。しかし、米国連邦議会はカーター政権が議会との事前協議なしに中華人民共和国と国交樹立を決定し、且つ、合意した事項が台湾切り捨てに繋がり兼ねないと危機感を与えたことに反発して、中華民国と実務関係を維持していくうえで必要な法律の制定を進めた。とりわけ、カーター大統領が中華人民共和国と国交樹立に踏み切ったやり方に対して、反発した人々は全米各地で台湾支持を訴えるデモを展開した。米国連邦議会の共和党員は大衆の声を味方につけて、中華民国と実務関係だけでなく、台湾の安全保障も含めた法案の準備を進めた。同年三月、米国連邦議会上院において米国と中華民国の関係にかかわる法案の審議が始まり、三月十三日に賛成九十票、反対六票を以て可決された。上院で通過した法案は下院に送られ、下院で審査を経て、三月二十八日に賛成三百三十九票、反対五十票を以て法案が可決された。つまり、政府原案を全面的に修正した「台湾関係法」は、カーター大統領の拒否権を覆す圧倒的な得票で上下両院を通過したため、カーター大統領は「台湾関係法」に署名せざるを得なくなり、四月十日に署名した。

「台湾関係法」は全十八ヶ条から成り、台湾の安全を脅かす外的要因の対応や台湾へ防衛武器を提供するなど西太平洋における安全保障の促進を目的とした軍事的性格を有する条項、中華民国と通商や文化などを目的とした実務関係の維持、義務及びそのメカニズムに関する条項から構成されている。また、「台湾関係法」は米国連邦議会が制定した国内法であり、同年一月一日まで遡って発効された。同法は一般的に「台湾関係法（Taiwan Relations Act）」と呼称されるが、正式名称は「西太平洋における平和と安全および安定の維持促進のため、米国民と台湾住民との通商、文化およびその他の関係の存続を正しいと認めることにより、米国の外交政策に資するため、およびその他の目的のための法律（An Act to help maintain peace, security, and stability in the Western Pacific and to promote the foreign policy of the United States by authorizing the continuation of commercial, cultural, and other relations between the people of the United States and the people on Taiwan, and for other purpose)」である。「台湾関係法」の根幹である米国の政策内容は次の六項目である。

①米国人民と台湾人民の間で普遍的、密接的及び友好的な通商、文化及びその他の各種関係を維持並びに促進する。また、米国人民、中国大陸人民及びその他西太平洋地区人民の間で同種の関係を維持並びに促進する。

②西太平洋地域の平和と安定は、米国の政治、安全保障及び経済的利益に合致し、国際的な関心事でもあることを宣言する。

③米国が中華人民共和国と外交関係を樹立した決定は、台湾の将来が平和的手段で決定されることの期待に基づくものであることを明確に表明する。

④平和的手段以外で台湾の将来を決定しようとする試みは、ボイコットや封鎖を含む如何なるものであれ、西太平洋地域の平和と安全に対する脅威であり、米国の重大な関心事と考える。

⑤防御性の兵器を台湾に供給する。

⑥台湾人民の安全または社会、経済の制度に危害を与える如何なる武力行使または他の強制的な方式にも対抗しうる米国の能力を維持する。

「台湾関係法」は米国の国内法でありながら、台湾の安全保障、特に台湾への防衛性の武器供給について定めたものである。米国は中華民国との国交断絶に伴い、台湾に対する防衛義務を放棄したものの、国内法によって台湾を保護することに最大限約束した。台湾問題の解決について、非平和的手段の行使は西太平洋の平和と安全に対する脅威であり、米国の重大な関心事と看做されることになった。同法の適用地域は台湾及び澎湖諸島のみに限定された。米国連邦議会が台湾問題に対して関与の強化を強く求めた理由は、中華人民共和国を潜在的な脅威であると看做し、その脅威が顕在化した時に台湾に侵攻して、米国の利益を害する可能性があると認識したためである。また、「台湾関係法」第二条c項は、「本法律に含まれている如何なる条項も、人権、特に約千八百万人の台湾全住民の人権に対する米国の利益に反してはならない。台湾全住民の人権維持と向上が、米国の目標であることをここに再び宣言する」と規定している。このため、米国は中華民国政府の非人道的行為や人権を糾弾するようになった。一九七九年十二月に美麗島事件が発生した後、米国は「台湾関係法」第二条c項の規定に基づき、同事件への関心を示して、台湾住民の人権を擁護するため、事件関係者に対する公正な裁判を実施するよう中華民国政府に要求した。この結果、中華民国政府は同事件における法廷の公判を海外メディアや人権団体も対象に含めた完全公開で実施せざるを得なかった。

一方、中華人民共和国は米国議会が制定した「台湾関係法」に対して、この法律は祖国統一工作を妨げるものであり、米中関係を損なうものでもあるとして反発した。しかし、米国は台湾の平和と安定を確保するため、台湾に対して武器売却を続ける必要があると主張し、中華人民共和国の反発に取り合わなかった。

八一七コミュニケ

米中国交樹立に伴い、米国は中華人民共和国を中国唯一の合法政府であると承認する一方、中華人民共和国も「台湾解放」のスローガンを降ろして、台湾の祖国復帰による国家統一という新たな政策を掲げた。しかし、一九八〇年の米国大統領選挙において、カーターは台湾重視を唱えるレーガンに敗北を喫した。レーガンは大統領選挙戦において、中華民国と政府間関係を復活させる、中華民国との関係を発展させるなど、中華民国との関係強化を公言し、大統領就任後も台湾向けの武器供与の強化を主張したため、中華人民共和国を刺激させた。つまり、中華人民共和国はレーガンの台湾政策に強い危機感を抱いたのである。

翌一九八一年十二月、レーガン大統領は「台湾関係法」の規定に基づき、台湾向け武器売却方針を決定した。中華人民共和国は米国が決定したこの措置に強く反発し、米中間は台湾向け武器輸出問題をめぐって関係が悪化した。

翌一九八二年一月、レーガン大統領はボルドリッジ国務次官補を北京に派遣して米国政府の立場を中華人民共和国に説明し、台湾に対して高性能戦闘機の売却を行わないことを伝えた。しかし、レーガン大統領は四月十三日に約六千万ドルの軍用機部品を台湾に輸出することを決定したため、中華人民共和国は猛反発した。翌五月、ブッシュ副大統領は訪中して中華人民共和国政府と調整を行い、米中両国は経済、文化、教育、科学、技術分野において一層強化していくことを確認した。その後、米中両国は八月十七日に米国の台湾向け兵器輸出問題で共同コミュニケ、所謂「八一七コミュニケ」を発表した。「八一七コミュニケ」の主な内容は次の通りである。(一)台湾問題の平和解決を目指す中国の政策を理解し、好ましいものと認める、(二)台湾向け兵器売却政策を長期政策としない、(三)台湾に売却する兵器は、性能、数量の面において米中国交樹立後の最近数年の水準を超えないこと、(四)台湾向け兵器売却は段階を経て削減し、一定期間の後に最終的解決を目指す。

しかし、「八一七コミュニケ」発表前の一九八二年七月上旬、米国政府は台湾向け武器売却について、中華民国に説明するために内部文書を作成し、次の六つの保証を与えることで、「台湾向け兵器売却の共同コミュニケ」を一方的に補完した。

①米国は台湾への武器販売の終了期日を定めない。
②米国は台湾への武器販売に関して、中国側と事前協議を行わない。
③米国は台湾と中国の仲介を行わない。
④米国は「台湾関係法」の改正に同意しない。
⑤米国は台湾の主権に関する立場を変えない。
⑥米国は台湾に中国と交渉するよう圧力をかけない。

「八一七コミュニケ」の中華人民共和国の狙いは、台湾を統一できない要因を米国の対台湾武器供与にあると断定し、台湾の死活に関わる防衛兵器の供給源を断絶させせようとしたのである。一方、米国は「八一七コミュニケ」において段階を経て台湾向け武器売却を徐々に減らしていくと記したが、「八一七コミュニケ」発表前に中華民国政府と武器売却について協議した時、中華人民共和国の対応次第で武器輸出の性能や販売量を決定すると伝達していた。つまり、中華人民共和国が敵対的な態度を見せた場合、或いは中華人民共和国によって齎される脅威により、米国の台湾向け武器輸出は増減することを中華民国側に伝達したのである。

クリントンの「三つの不支持」

一九九〇年代、台湾は経済発展と民主化を遂げたことにより、米中台の関係に変化が生まれた。特に、李登輝政権が推進した「弾性外交」に対して、中華人民共和国は「台湾独立」を目論むものであると強く警戒し、あらゆる手段で阻止しようとした。このような状況下、一九九五年六月、李登輝総統は非公式に訪米し、母校コーネル大学で「民の欲するところ、常に我が心にあり」と題して講演を行った時、「民意に基づいた政策は中国の経済自由化と政治の民主化に役立つ」と述べ、中華人民共和国の指導者は中華民国の台湾を参考にするよう呼び掛けた。これに対して、中華人民共和国は米国と台湾に対して強い反発を示し、翌七月に東シナ海の公海上においてミサイル発射演習を開始した。翌一九九六年三月に至ると、台湾初の総統直接選挙に際して、中華人民共和国はこの選挙を妨害するために大規模な軍事演習を実施して台湾を威嚇した。所謂第三次台湾海峡危機である。この危機に際して、クリントン政権は空母を台湾海峡に派遣して中華人民共和国を牽制したため、米中関係は再度悪化した。政権二期目を迎えたクリントン大統領は、中華人民共和国との関係改善を最重要の外交課題に据えて、一九九七年にオルブライト国務長官やゴア副大統領を相次いで訪中させた後、同年十月に江沢民国家主席が訪米して、米中両国間の「建設的な戦略的パートナーシップの構築」に向けて協力関係を深めることなどを謳う共同声明を発表した。

その後、一九九八年六月にクリントン大統領は訪中して台湾問題について言及した時、（一）台湾の独立不支持、（二）「二つの中国」や「一つの中国、一つの台湾」不支持、（三）国家としての地位を要件とする国際機関への台湾の加盟不支持を公式に表明した。クリントン大統領は書面での誓約こそしなかったものの、大統領自ら「三つの不支持」を明言した反響は大きく、中華民国政府はこのクリントン大統領の発言に強く反発した。また、米国連邦議会においても議論を呼び、クリントン大統領が帰国した後の七月下旬、下院は米国から台湾への武器売却継続などを確認した台湾支援決議を賛成三百九十票に対して反対一票の圧倒的大差で可決した。上院においても同様の決議案が賛成九十二票、反対〇票で可決された。決議に拘束力はないが、クリントン大統領が中華人民共和国に対し、台湾への武力行使や威嚇を放棄するよう求めることを促したのである。

トランプ政権以後の米台関係

二〇一七年一月、トランプが大統領に就任した後、中華民国の台湾を重視する政策を次々に打ち出した。例えば、米国は一九七九年に中華民国と断交して「台湾関係法」を成立させた後、米台間の政府高官の相互訪問を自主的に制限してきた。しかし、二〇一八年三月、トランプ大統領は米台間の閣僚や政府高官の相互訪問の活発化を目的とした「台湾旅行法」を署名して、米国大統領の台湾公式訪問や中華民国総統の米国公式訪問が可能になった。さらに、近年中華人民共和国が活発化させている東シナ海や南シナ海における海洋活動に対抗するため、同年十二月にトランプ大統領は「アジア再保証推進法」を署名した。同法における「アジア」とは、インド太平洋地域を指し、「再保証」とは、米国が同地域への関与を再保証することを意味している。つまり、「アジア再保証推進法」の対象地域は中華民国の台湾も含まれているため、米国は中華民国への防衛装備品の売却を推進するとともに、台湾海峡近海の警備強化を進めている。

二〇一六年に台湾で「九二共識」や「一国二制度」を認めない蔡英文が中華民国総統に就任した後、中華人民共和国は中華民国の台湾に対して外交的、経済的、軍事的に圧力を強めている。とりわけ、軍事面において、海軍空母「遼寧」や爆撃機の台湾一周、さらに軍用機が台湾の防空識別圏に進入する行為を繰り返している。このため、周辺諸国は台湾海峡において不測の事態が起こる懸念が高まっている。

現在、バイデン大統領は中華人民共和国が中華民国の台湾に対して軍事的な圧力を強めていることに批判し、現状変更や台湾海峡の平和と安定を損なう一方的な取り組みに強く反対して、「台湾関係法」

に基づいて台湾を防衛する責務を果たすべく務めている。

主要参考文献

山本勲著『中台関係史』藤原書店、一九九九年。

戴天昭著『台湾戦後国際政治史』行人社、二〇〇一年。

河原昌一郎著『米中台関係の分析——新現実主義の立場から』彩流社、二〇一五年。

清水麗著『台湾外交の形成——日華断交と中華民国からの転換』名古屋大学出版会、二〇一九年。

五十嵐隆幸著『大陸反攻と台湾——中華民国による統一の構想と挫折』名古屋大学出版会、二〇二一年。

佐藤亮著『米中対立——アメリカの戦略転換と分断される世界』中公新書、二〇二一年。

国史館中華民国史外交志編纂委員会編『中華民国史外交志（初稿）』台北：国史館、二〇〇二年。

戴寶村著『台湾政治史』台北：五南図書出版股份有限公司、二〇〇六年。

王鍵著『戦後美日台関係史研究（一九四五—一九九五）』北京：九州出版社、二〇一三年。

李筱峰・薛化元『典蔵台湾史（七）戦後台湾史』台北：玉山社、二〇一九年。

何子鵬著『利益的糾結—美国渉台政策解読』台北：崧燁文化事業有限公司、二〇一八年。

第三章

尖閣諸島をめぐる日米中台関係

日台関係研究会事務局　松本一輝

尖閣諸島――法の支配に基づく平和な海を目指して

日本の外務省は、尖閣諸島が日本の領土の一部であるというアピールの一環として『尖閣諸島―力でなく法の支配に基づく平和な海を目指して―』という文書を出している。この中で尖閣諸島が日本固有の領土であることは歴史的にも国際法上も明らかであり、また現に我が国がこれを有効に支配しているため、尖閣諸島をめぐって「解決しなければならない領有権の問題はそもそも存在していない」と説明している。その上で、日本は領土を保全するために毅然として、かつ冷静に対応し、国際法の遵守を通じた地域の平和と安定の確立を求めると述べている。

この文書を発出した背景には、尖閣諸島を力で支配しようという中国の存在がある。そして、尖閣諸島をめぐっては、台湾も領有権を主張し、漁業権で日本と争ってきた。この三国間のやりとりは、現在進行形の問題である。

本章では、尖閣諸島の発見から、領土問題に至るまでの経過を概説し、現状について検討したい。

古賀辰四郎による尖閣諸島の発見

尖閣諸島を開拓したのは、那覇に拠点を持っていた日本の商人、古賀辰四郎であった。

古賀は安政三（一八五六）年、福岡県八女郡に生まれた。そして明治十二（一八七九）年、那覇に寄留商人として古賀商店を開業し、その三年後の明治十五（一八八二）年には石垣島にも支店を開業した。古賀の実家はお茶の栽培と販売を行っていたが、古賀商店においてお茶は主たる商材ではなく、沖縄や石垣島の海産物や農産品が主な商材であった。

大阪では古賀の実兄、国太郎、与助らが大阪古賀商店を開いており、沖縄から運んだ商品は大阪から海外へ輸出されるという仕組みが出来上がっていた。大阪古賀商店との連携の傍ら、辰四郎は無人島の開拓に乗り出す。この一環として、明治十七（一八八四）年に、探検隊を尖閣諸島に派遣して調査を開始した。

翌明治十八（一八八五）年以降、日本政府は沖縄県当局等を通じて、尖閣諸島の現地調査を幾度も行った。慎重に確認した結果、無人島であるだけでなく、清国を含むいずれの国の支配も及んでいない土地、すなわち無主地であることが明らかになった。そこで、日清戦争最中の明治二十八（一八九五）年一月十四日、現地に標杭を建設する旨の閣議決定を行うとともに、正式に日本の領土と認め、沖縄県に編入した。この経過について、日本政府は「先占の法理」という国際法で認められた領有権取得の方法に合致するものであると説明している（参議院外交防衛委員会調査室　中内康夫「尖閣諸島をめぐる問題～日本の領土編入から今日までの経緯～」参照）。

念のために説明すると、国際法上、国家が領土を取得する方式としては、伝統的に先占、添付、割譲、併合、征服、時効が認められてきた。これらのうち、いずれの国家の支配も及んでいない地域、つまり無主地を、領有意思を持って実効的に占有することをもって新たな領土の取得と認めることを「先占の法理」という。

この後、明治二十九（一八九六）年に沖縄に郡制が施行されると、尖閣諸島は八重山郡に編入され、魚釣島と久場島は、北小島、南小島とともに国有地に指定された後、地番が設定された。すると古賀辰四郎は、明治十七年頃からこれらの島々で漁業などに従事していたため、日本政府に対して国有地借用願を提出した。これに対して明治二十九年九月、日本政府は、魚釣島、久場島、北小島及び南小島を古賀辰四郎に三十年間無償で貸与することを決定した。三十年の無償貸与期間終了後は、一年契約の有償貸与となり、昭和七（一九三二）年には、同諸島を辰四郎の嗣子である古賀善次に払い下げて、四島は古賀家の私有地となった。

古賀親子は、同諸島において、アホウドリの羽毛の採取、グアノ（海鳥糞）の採掘、鰹漁業、鰹節の製造等の事業を経営したので、全盛期の明治四十二（一九〇九）年には二百四十八人、九十九戸の日本人が居住するに至っていた。

しかし、昭和十五（一九四〇）年頃に古賀善次は尖閣諸島での事業から撤退し、居住していた人々も退去した。当時の中心的事業であった鰹節の製造で採算が取れなくなったこと、船舶用燃料が配給制になり尖閣諸島への船舶の航行が困難になったこと、善次の体調が悪化したことなどにより、事業継続が困難になったことが理由といわれている。かくして同諸島は再び無人島となった。

石油埋蔵説以後に領有権を主張した中国・台湾

昭和四十三（一九六八）年秋、日本、台湾、韓国の専門家が中心となって、国連アジア極東経済委員会（ECAFE: UN Economic Commission for Asia and the Far East）の協力を得て行った学術調査の結果、東シナ海に石油埋蔵の可能性があると指摘され、この結果として、尖閣諸島が注目されることになった。

昭和四十四（一九六九）年五月のECAFE報告書では、「石油および天然ガス賦存の可能性が最も大きいのは台湾の北東二十万平方キロメートルにおよぶ地域である。台湾と日本との間にある大陸棚は世界で最も豊富な油田の一つとなる可能性が大きい」と指摘したが、その地図の中に「尖閣諸島」の名称が記されていた。

この発表の以前、昭和四十四年まで、中国や台湾は、尖閣諸島の領有に関して何ら主張を行っていなかったが、発表以後は領有権を主張するようになった。例えば昭和四十五（一九七〇）年十二月、中国国営通信社の新華社が尖閣諸島の領有権を主張する記事を配信すると、翌昭和四十六（一九七一）年六月には台湾の外交部が、また、一九七一年十二月には、中国外交部が公式に尖閣諸島の領有権を主張した。

その後、中国および台湾では自国の領土だとの主張に合わせて、尖閣諸島海域に関して、法令や行政区域が書き換えられたが、さらには教科書、地図、地理書などが改変されることになった。

ところで、昭和四十七（一九七二）年の日中国交正常化の交渉過程において、中国の周恩来総理が日本の田中角栄首相に向かって、尖閣諸島に「石油が出るからこれが問題になった。石油が出なければ台湾も米国も問題にしない」と述べたことがある。このことからも、中国の主張が、当初から国際法や歴史を根拠とするものというより石油埋蔵の報告の結果であったことは明らかである。

聯合号事件と第一次馬英九政権

平成二十（二〇〇八）年六月十日深夜、尖閣諸島付近で台湾の遊漁船「聯合号」が、警備中の日本の海上保安庁の巡視船「甑（こしき）」と衝突して沈没する事件が発生した。いわゆる「聯合号事件」である。当時の台湾（中華民国）の駐日代表・許世楷は、深夜三時ごろに連絡を受け、翌日の夜までに九人の日本側当局者および事件に関心を持つ有力者と会い、助力を要請した。するとその日のうちに、遊漁船の客十三人は解放された。また、乗務員の三人は調査のために石垣島に連行されたが、翌日、許世楷がさらに数人の日本政府有力者に会って助力を要請すると、船員の二人が釈放され、十三日には残っていた船長も釈放された。

事故そのものについては、日台間で冷静な話し合いが行われ、一ヶ月程度で鎮静化した。しかし、この事故から派生した尖閣諸島（台湾では釣魚島もしくは釣魚台列嶼）の領有権をめぐる問題は、これ以後大きく注目を集めることになった。

事故直後から台湾国内では「釣魚台列嶼は台湾の領土だ。そこで台湾の遊漁船が日本の巡視船に衝突されて沈没させられるとは何事だ」という声が高まったことで、一部に潜在していた尖閣諸島の主権をめぐる主張が社会の前面に浮上することとなった。台湾では日本の事実上の大使館である財団法人交流協会台北事務所（当時）に対してデモが行われたほか、立法院（国会に相当）でも議論が行われた。尖閣諸島の領有権が侵害された場合、台湾の政府としては領土保全のために一戦を交える覚悟があるか、という質問を受けた劉兆玄行政院長（首相に相当）が、「一般論として」という前置きを付けたものの「開戦の可能性を排除しない」と答弁した。これと歩調を合わせるように、中華人民共和国も日本に対して抗議声明を出すに至った。

事件当時の総統・馬英九はこの年三月の総統選挙で当選して、五月二十日に就任したばかりだった。馬英九はアメリカの大学の大学院に留学していたが、尖閣の領土保全運動、いわゆる「保釣」運動に熱心であり、ハーバード大学での博士論文は、尖閣諸島の領有権をめぐる法的議論を通じて、中華民国の領有権を主張するものであった。さらに、台北市長時代の二〇〇五年には尖閣諸島問題に関して、「政府は『一戦も惜しまず』の態度で日本に対して厳重な談判を行うべきだ」と発言していた。

そのため、二〇〇八年六月の事件で、就任したばかりの馬英九総統がどのような対応を取るのか台湾内外で注目された。ところが、聯合号事件の発生に対して慎重な姿勢に終始して、ただちに馬英九が国民の前に姿を現して政府方針を表明するという対応をしなかったため、与党の国民党内部からも手ぬるいのではないかという批判が出た。マスコミからは「かつては釣魚島を護ろうとする熱血青年だったのに、馬英九は大統領になったら腰抜けになったのか」との批判も出た。

事故から二日経った六月十二日、大統領官邸は「釣魚島は中華民国の領土であって、宜蘭県頭城鎮大渓里という住所である。政府としては釣魚島を護る決心は一貫している。日本が中華民国の領海で漁船に衝突、沈没させて、その船長を拘束したことに対して厳正に抗議する。船長を即時釈放し、賠償金を払え」というコメントを出した。これに加えて「海岸巡防署（海上保安庁に相当）の船舶は装備を強化し、武装力を高めることにした」と発表し、「馬総統は釣魚島問題ではかつては熱血青年であったが、いまでもなお熱血中年である」と付言した。

このため事態はヒートアップして、十六日には、台湾の民間の抗議船が尖閣諸島海域へ向けて出港し、これに台湾の巡視船が同行して合計九隻の船団となった。この船団が尖閣周辺海域に迫ると、日本の巡視船との間で放水合戦が繰り広げられることとなった。

事態の拡大に直面して、十七日にようやく馬英九総統本人が記者会見を開いた。馬総統は、平和裏の解決が大前提であるとしながら「わが国の領土、わが国の領海であれば、われわれが行くべきときには行く。その立場はきわめてはっきりしている」と述べた。また、台湾の政府としてはこの問題で日本との協議を進め、船長を含む全員が釈放されるなど、すでに一定の成果が得られたとし、「日本側も一定程度の誠意を表明した」との見解を示した。この記者会見を境に、事態は収束の兆しをみせるようになった。

しかし、この事件の影響で、台日関係の窓口として矢面に立たされていた許世楷・駐日代表が、台湾に対する愛国心と誠意が認められなかったことから辞任することとなった。許世楷は日本側・台湾側の双方から信頼を受けていた人物であったため、後任の駐日代表がなかなか決まらず、日台関係の進展を妨げる結果となった。

振り返ってみれば、馬英九政権は発足直後から対中政策に力を注ぎ、就任二ヶ月目には台湾・中国間の直行便を実現するなど、早々に成果を挙げた。しかしその一方で、対日政策には手が回らず、準備不足であったことがこの「聯合号事件」で露呈してしまったようだ。

そこで馬英九政権は対日政策を練り直し、積極的な関係改善策を打ち出すこととした。事故から四ヶ月後の十月、馬政権は「台日特別パートナーシップ協定」を発表した。この協定は日台間で民間、経済面における特別緊密な関係をさらに発展させること、地域文化的関係を共有すること、今までの関係を延長し、さらなる発展的な関係を構築することを謳っていた。さらに、尖閣諸島については主権問題を棚上げにして、漁業権問題の解決にあたることとした。

これ以後、馬政権下において日台関係の緊密化が加速することになった。

例えば、二〇〇九年六月一日、日台間でのワーキングホリデー制度がスタートした。この制度は、若者が相手の国で働きながら長期滞在を可能にするビザを発行するというものである。日本から台湾、台湾から日本の双方向で、それぞれ二千人からスタートした。その後、制度の好評を受けて段階的に人数を増やし、二〇二〇年現在、一万人まで拡大している。

また、実質的な台湾大使館である、台北駐日経済文化代表処の札幌事務所が二〇〇九年十二月にオープンした。この事務所は東京、大阪、横浜、福岡に続いて五ヶ所目である。北海道は台湾の人びとにとって大人気の観光地となっており、年間二十万人以上が訪れていた。そのため、事務所の設置に至ったのである。

その後、二〇一一年三月十一日、日本において東日本大震災が発生した。地震はマグニチュード九・〇を記録し、二十世紀以降、世界で四番目の規模であった。地震の被害は、地震から十年経過後もなお残っており、震災関連の死者は二万二千人以上といわれている。この東日本大震災にいち早く、手厚い支援を申し出たのが台湾であった。政府および民間から、世界でもトップクラスの義援金並びに支援が提供された。そのことが、日台関係をさらに深化させることになったといえる。こうして今日まで、日本か台湾のいずれかで震災や台風被害など、自然災害が発生するたびに、日本から台湾へ、台湾から日本へとボランティアが派遣され、金銭や物品、仮設住宅などの相互提供が繰り返され、「まさかの友は真の友」といわれる関係が定着してきた。

日本政府による尖閣諸島国営化の動き

二〇〇八年以後、日台関係は順調に進展しているかに見え、その間、尖閣諸島問題は棚上げされていたが、二〇一二年になって尖閣問題が日台関係に再び大きな影を落とすこととなる。

この年三月十六日、中国の海洋巡視船が尖閣海域において日本の領海侵犯を行った。それらは最新鋭の艦艇二隻を含む計四隻であったが、領海侵犯のタイミングで中国共産党機関紙・人民日報が「日本の実効支配の打破が目的である」と報じた。

この領海侵犯から一ヶ月後の四月十六日、ワシントン市内のシンクタンクでの講演において、東京都の石原慎太郎知事が「日本人が日本の領土を守るため、東京都が尖閣列島を購入することにした」と発表した。そして、この時点で尖閣諸島の魚釣島、北小島、南小島を個人所有する地権者と既に交渉を開始していることが明らかになった。

この講演を受けて、副知事の猪瀬直樹は東京都による尖閣諸島購入の寄付金「東京都尖閣諸島寄附金による尖閣諸島活用基金」の募集を開始した。

すると、尖閣諸島問題が国内外で大きな反響を呼ぶことを危惧した民主党の野田佳彦首相が、尖閣諸島を日本政府が購入することとし、七月七日、日本政府は正式に、尖閣諸島の購入を発表した。日本政府が購入したのは、尖閣諸島の魚釣島と北小島と南小島の三つで、併せて二十億五千万円での購入であった。

一方、東京都による尖閣諸島購入寄付金の募集は、二〇一二年四月二十七日から二〇一三年一月三十一日まで行われて、期間中に約十四億八千万円が集まった。この資金のその後の経過は以下の通りである。

前述の日本国政府による尖閣諸島国有化の結果、寄付金は宙に浮くことになった。議論の末、東京都としては、寄付金は尖閣諸島関連施設の整備費用に充てることを条件に国に譲渡することを表明し、後任の都知事に就任した猪瀬もこれを踏襲した。

しかし実際には、二〇一二年九月に実施した現地調査や、啓発のための意見広告掲出・ポスター作成など、尖閣諸島の購入と活用のために支出した事業費に一部を充当したものの、以後は手つかずとなった。

その後、二〇一八年八月になって、東京都の小池都知事が定例会見において、寄付金の使途に触れ、「多くの方々が熱い思いで寄付をした十四億円が宙に浮いている状況で、塩漬けになっている」。さらに「この眠っている十四億円を、人工衛星による監視システムを作ることなどに使うことが、心を寄せた方々に応えることになる。政府と相談しなければならないが、せっかくの思いに答えるという方向性が必要だ」として、政府と相談をして、具体的な使い道を検討する」と述べた。

この会見以前から東京都は、毎年国に対して提案要求を行っており、都は「国の動向を見極めながら、地元自治体と連携し、寄附金を寄せていただいた都民・国民の皆様の志が活かされるよう対応していく」としている。

第二次馬英九政権下での尖閣問題

さて、尖閣諸島を東京都が購入するということで募金が行われていた二〇一二年五月二十日、二期目の任期がスタートすることとなった馬英九総統は就任演説において「台日関係は過去四〇年来で最も良好な関係である」と述べ、尖閣問題には触れず、日台関係改善を重視する姿勢を継続した。

こうして、馬政権では、八月五日に「東シナ海平和イニシアティブ」という構想を発表した。この構想の中で馬英九総統は中華民国としては、尖閣諸島の主権は中華民国にあるという立場ではあるが、主権の協議は棚上げして「和平互恵共同開発でいこう」と提唱した。主権問題は議論せずに、平和的に、実務的な取り扱いについて話し合いを進めようということで、差し当たって漁業協定締結に向けての協議を進めようという構想である。

そうした中、終戦記念日の八月十五日に香港の活動家たちが大挙して尖閣諸島海域に入り、十四人が上陸するという事件が発生した。香港の活動家は上陸時に、中華人民共和国の国旗とともに、わざわざ中華民国の国旗も掲げた。

この香港の団体は元々、台湾の団体と連携して上陸活動を行う計画であったが、馬政権の方針により、台湾の船がこの海域に入ることは阻止されたため、このような挙に出たものである。この行為に対抗して、日本側でも尖閣諸島に上陸する者が現れた。

すると、九月七日、馬英九総統が台湾本島の北に位置する離島の彭佳嶼を訪問・視察した。彭佳嶼は尖閣諸島から一番近い場所にある島嶼であることから、これは尖閣諸島が中華民国の領土であることをアピールするデモンストレーションの意味合いが強いものであった。

訪問に合わせて、台湾政府は東シナ海平和イニシアティブの実施案を発表した。この案では、八月の発表内容に加えて、台湾は中国とも尖閣諸島問題について話し合い、日本と中国の間での話し合いが進むことを期待するとした。つまり、台湾、日本、中国が共に領有権問題をいったん棚上げして実務的な措置について合意を目指そうというものだった。この案では、日本は尖閣諸島を国有化すべきではないとしており、日本政府による購入を思いとどまらせようとするアピールでもあった。しかし、現実には、日本、台湾、中国の三者相互間で尖閣諸島問題について話し合いが進められる可能性は皆無であったから、この提案は顧みられることなく、九月十一日、日本政府が尖閣諸島の国有化を完了した。

すると、日本政府の尖閣諸島国有化に対して、中国で激しい反日暴動が起こった。日系のスーパーやデパートが暴徒化した市民によって襲撃され、商品は略奪され、所有者が日本人であるかどうかに関係なく日本製の自動車が次々と破壊された。

しかし台湾では大規模な暴動は起こらず、九月二十三日に台北市内で小規模なデモが行われただけだった。そうしたなかで、台湾側での最も大きな反応は、九月二十五日に尖閣海域で行われた、大量の漁船によるデモンストレーションであった。漁船四十隻と、台湾の海巡署の船十隻ほどの合計五十隻が尖閣諸島の海域に入った。これに対して日本の海上保安庁の船が迎える態勢を取ったため、一触即発の事態となった。

台湾の漁船と日本の巡視船が衝突すれば、二〇〇八年の聯合号事件の再現となってしまうため、日本側も台湾側も過度の接近を避け、双方の船舶間での放水合戦となった。

台湾政府としては、三ヶ月前に東京に着任したばかりの沈斯淳駐日代表を本国に召喚し、日本に対して抗議の意思を表明した。

日台漁業取決めの署名

日本による尖閣諸島国有化によって改めて日台間の軋轢が表面化したが、野田内閣の玄葉光一郎外相が台湾に向けたメッセージを発出したことから、間もなく日台関係は修復の方向となった。このメッセージは、「民主、平和、法治といった共通の基本的価値観を有する日台間では、長年にわたって良好な国民感情と深い相互信頼が育まれてきており、これを土台として、民間投資取決めの署名やオープンスカイの実現など、近年、日台間の実務関係が着実に発展してきていることは誠に喜ばしいことです。政府としては、日台実務協力関係が引き続き着実に発展していくことを期待します」と始まり、東日本大震災に際しての台湾からの手厚い支援に感謝を表明し、尖閣諸島問題と明示はしなかったが「個別の問題が日台関係の大局に影響することのないよう、日台間でしっかりと意思疎通に努め、理性的に対応していく必要があります」との姿勢を示して、「東シナ海平和イニシアティブ」とその「推進綱領」について、日本としては受け入れられない部分があるものの、基本的な考え方と精神については理解できるとして、「対立をエスカレートさせたり、偶発的衝突を招きかねない挑発的行為を相互に自制しつつ、実務的かつ具体的な協力を進めていくことが重要であるという点について、日台双方の認識は一致しているものと信じます」と呼びかける内容だった。

この書簡は、日本の対台湾窓口機関である交流協会を通して台湾に手交されたが、国交がなく、台湾と政府間関係を持たないとしている日本政府において、外相が台湾へのメッセージを発出したことは大きなアクションであった。それゆえ、馬英九政権からも一定の評価を受け、沈斯淳代表は東京に帰任して、例年通り十月十日の中華民国建国記念日にあたる双十節の祝賀パーティーが東京でも無事開催される運びとなった。

玄葉外相のメッセージには、尖閣諸島海域の日台漁業取決め締結のための交渉の呼びかけも含まれており、これを起点に、双方の話し合いが開始された。

しかし、野田政権が消費税増税をめぐって解散総選挙を行った結果、民主党が大敗して政権交代となって、同政権で日台協議の成果を上げることはできなかった。総選挙に勝利した自民党によって、十二月二十六日に第二次安倍晋三内閣が発足したため、漁業交渉は安倍政権に引き継がれることになった。

安倍政権において、鋭意台湾側との交渉を進めた結果、政権発足から四ヶ月ほどの二〇一三年四月十日、台北市において財団法人交流協会の大橋光夫会長と亜東関係協会の廖了以会長の間で、民間の「日台漁業取り決め」が署名された。これによって、日台間の尖閣諸島問題は、主権問題を棚上げした形で、長年の懸案であった漁業権問題について決着した形となった。

自由で開かれたインド太平洋の構想と中国海警法の成立

今日、「自由で開かれたインド太平洋」の構想として知られる概念については、二〇〇七年八月二十二日、インドの国会を訪問した安倍晋三首相が「二つの海の交わり」と題して行った講演の中にその骨格を見ることができる。すなわち、安倍首相は、この段階で早くも「太平洋とインド洋は、今や自由の海、繁栄の海として、一つのダイナミックな結合をもたらしています」と喝破していた。しかしながら、第一次安倍政権が一年の短命に終わったために、この構想は大きく発展することなく時を待つことになった。

次に脚光を浴びる機会となったのが、二〇一六年八月の第六回アフリカ開発会議における安倍首相演説であった。このとき、安倍総理はその基調演説の中で「日本は、太平洋とインド洋、アジアとアフリカの合流点を、武力や強勢によらない自由と法の支配、市場経済を重んじる場所に育て、繁栄させる責任を負っている」と述べた。より詳細には、二つの海洋にまたがる広大な地域、アジアから中東、アフリカに至る地域にルールに基づく国際秩序を構築し、この地域の安定と繁栄を促進しようという構想であった。

時あたかもアメリカでは共和党のドナルド・トランプ候補と民主党のヒラリー・クリントン候補の間で激しい大統領選挙戦が戦われていた。選挙戦に勝利した共和党のトランプ大統領は、安倍首相の構想を引き継ぎ、二〇一七年十一月、ベトナム・ダナンでのＡＰＥＣ首脳会議に出席し、「自由で開かれたインド太平洋戦略」を打ち出した。そしてトランプ大統領は「『自由で開かれたインド太平洋』というビジョンを、この場で共有できたことを光栄に思います」と述べて、安倍首相発の構想をアメリカが事実上支持することとなった。

同構想には、経済発展とともに軍事大国化、政治大国化が著しい中国が、習近平政権の下で「一帯一路」政策を展開し、ユーラシア大陸を中国の勢力圏に収めようとし、覇権拡張を進めていることに対抗する意味合いが含まれていた。また、南シナ海に人工島を築き、軍事基地化することで、南シナ海を中国の海として支配権を確立しようとしていること、さらに長い間近海海軍にとどまっていた中国海軍を外洋海軍として発展させて、沖縄、南西諸島、台湾、フィリピンを結ぶ島嶼線を越えて西太平洋に積極的に進出しようとする動きに対して、これを押しとどめようとするものでもあった。

インド太平洋を「自由で開かれた」海とし、法の支配が尊重される地域にしようという日本やアメリカの主張は、一党独裁と人権抑圧、軍事的囲い込みと自国の領海の拡大と専有を進めようとする中国へのけん制であることは明らかである。

ところで、中国が今日の外洋海軍としての戦略を持つに至ったのは鄧小平の側近とされる劉華清・元海軍司令官の主張からであった。劉華清は、日本列島から沖縄、南西諸島から台湾、フィリピンを結ぶ島嶼線を第一列島線と名付け、早くも一九八〇年代後半までに、二〇〇〇年までに第一列島線までを中国海軍の作戦領域として確保しようとした。さらに二〇二〇年までには、小笠原諸島からマリアナ、グアム、パプアニューギニアを結ぶ第二列島線をも突破して、二〇五〇年には、太平洋の西半分まで制海権を掌握するという構想を描いた。

二〇〇〇年代になると、第一列島線までを中国海軍が支配しようとする動きは活発化してきたが、習近平政権下では、尖閣諸島海域への中国の公船の遊弋(ゆうよく)は日常的になり、日本の実効支配を脅かしかねない事態となっている。二〇二〇年には一月から八月上旬まで一日の空白もなく、尖閣諸島の接続水域に中国の海警の大型船などが姿を見せるようになった。中国は海警の船の大型化を進めており、五千トン級からついには一万トン級まで運用を始めた。これによって、長期の外洋での航行が可能になり、また、小型の日本漁船に対して頻繁に威嚇的行動をとっている。二〇二一年に入ると、尖閣諸島海域の接続水域に海警の船舶が常駐し、日本漁船の操業を妨害する挙に出るばかりではなく、しばしば領海を侵犯して、数時間居座ることも珍しくなくなった。

そうした中、二〇二一年一月、海警の職責や武器使用を含む権限を規定した中国国内法「中華人民共和国海警法」（海警法）が成立し、二月一日から施行された。海警法は、国際的には海洋における法執行機関である沿岸警備隊として位置づけられている「中国海警局」の役割や権利義務を明確に規定したものである。

しかし、海警局は二〇一八年に人民武装警察部隊に組み込まれて以来、実質的に第二海軍とみなされてきた。そのうえで、海警法の第三章において海警局は海上安全保障の任務を遂行することが明示された。つまり、海警法施行によって、海警局が名実ともに中国の第二海軍であることが内外に明確に宣言されたのである。

中華人民共和国海警法の影響

中国と海洋領域を巡って対立中の日本にとって海警法の影響が考えられるのは、海警法第三章、第二十条、第二十一条、そして第二十二条の内容である。

海警法第二十条は、外国の組織や個人が中国当局の許可を得ずに、中国の管轄海域内の島嶼、環礁に建造物や構造物を建設したり、それら海域に固定装置や浮動装置を敷設した場合には、海警局はそれらの違法行為を停止または除去する命令ができ、従わなかった場合には強制的に解体したり除去したりすることができるとしている。

海警法第二十一条は、外国軍艦や外国公船（巡視船など）が中国の管轄海域で中国国内法に違反する場合には、海警局が取り締まり、海警局の取り締まりに従わずに当該海域から離れようとしなかった場合には、強制的に排除したり、拿捕（だほ）したりすることができると規定している。

ここでいう国内法とは刑事法や漁業関係法などではなく、「中国領海及び接続水域法」（一九九二年に制定された。以下「中国領海法」）に違反した場合を念頭に置いているものと考えられる。

中国領海法第二条では、中国が領有権を主張する沖縄県の尖閣諸島のほかに南沙諸島なども中国の領土であり、それらの周辺海域は中国の領海である旨を宣言している。つまり、海上保安庁の職務遂行をする海保巡視船が、中国側にとっては海警局巡視船による取り締まりの対象となるのである。

さらに海警法第二十二条では、軍艦、公船、民間船を問わず外国船によって中国の主権や管轄権が侵害されている場合には、海警局はそれらの不法行為を「あらゆる手段を用いて」排除し、危険を除去するために必要な武器使用を含む全ての措置を執ることができる、と規定している。そして、第六章（第四十六条〜第五十一条）には携行武器や艦載兵器の使用規定に関して具体的に列挙されている。

つまり、いわゆる国際法ではなく、中国国内法である海警法に違反した場合に、強硬な手段で排除することを明文化したのである。

以上のように、海警法には、適用海域や武器使用権限など、規定通りに執行されると、日本や台湾の船舶を威迫し、場合によれば危害を加えることになる規定が含まれているのである。

それゆえ、令和三年の防衛白書は「海警法には、曖昧な適用海域や武器使用権限など、国際法との整合性の観点から問題がある規定が含まれています。この海警法によって、わが国を含む関係国の正当な権益を損なうことがあってはならず、また、東シナ海や南シナ海などの海域において緊張を高めることになることは全く受け入れられません」と記している。

尖閣諸島の現状とその重要性

このように、尖閣諸島およびその海域の問題は、二〇一二年までは日本と台湾の主権問題、漁業権問題として切迫性があったが、日台間では主権問題を棚上げすることで漁業権問題については合意を得ることに成功した。それ以後、日台間では、言論戦として台湾側が尖閣諸島の領有権、主権を主張することは時としてみられるが、実質的な衝突が表面化することはなくなった。しかし、それに代えて、二〇一二年以後、中国の公船による尖閣諸島海域実効支配化への試みが、時とともに顕著になっている。

二〇一二年九月十一日に日本政府が、尖閣諸島の三島の民法上の所有権を、民間人から国に移したことを口実として、同月一四日以降、中国公船が荒天の日を除きほぼ毎日接続水域に入域するようになった。そして、毎月三回程度の頻度で領海侵入を繰り返しているのである。

具体的な数字としては、日本政府が尖閣三島を取得する前の一年間（平成二十三年九月から平成二十四年八月）では月に平均〇・三隻であったのに対して、尖閣三島取得後の一年間（平成二十四年九月から平成二十五年八月）では月平均四・九隻と大幅に増加している。取得後二年目以降（平成二十五年九月以降）では平均三隻程度にとどまっているものの、取得から九年が経過してもなお、ほぼ毎日接続水域に船舶を入域させ、ほぼ毎月領海侵入を繰り返しているのである。

日本政府としては、冒頭に掲げたとおり尖閣諸島の主権が日本にあることは明白なので、領土問題は存在しないという立場をとっているが、現実的には日増しに領土問題化が進んでいるといわざるを得ない。

また、尖閣諸島は、日本の南西諸島の石垣島などの北方に位置し、台湾の北東部に浮かぶ島嶼であって、地政学的には台湾から日本の南西諸島を結ぶ海域を占める。この海域を中国が実効支配することになれば、日本と台湾とが地理的に分断される事態となり、中国の台湾への軍事侵攻、軍事圧力の行使を容易にすることにもなる。さらには日本の南西諸島の安全を脅かし中国の影響力を強化する拠点となる。いずれにしても、地政学的な重要ポイントに位置しているのが尖閣諸島である。

中国は、この海域を国内問題として管理する根拠として海警法を制定した。日本は、中国との軋轢を恐れず、尖閣諸島の実効支配貫徹を図っていかなければ、中国海・空軍が、第一列島線までを支配領域として手中に収める事態になりかねない。

これに対して、二〇二一年に成立したアメリカ・バイデン政権は、就任一週間後の一月二十八日のオンラインによる日米首脳会談以来、尖閣諸島が日米安保条約第五条の対象となることを表明している。第五条は、「各締約国は、日本国の施政の下にある領域における、いずれか一方に対する武力攻撃が、自国の平和及び安全を危うくするものであることを認め、自国の憲法上の規定および手続に従って共通の危険に対処するように行動することを宣言する」というもので、バイデンの発言は、尖閣諸島が日本の施政下にある領域だと認めるということである。

今や、日本と台湾のこの海域における漁業権を確保するためにも、いわゆる第一列島線までを手中に収めようとする中国の野望を押しとどめて、反対に「自由で開かれたインド太平洋」の実現、維持を図らなければならない。それには、安全保障上、この海域の国際化を実現することが望ましい。

つまり、日米安保に基づく両国の安全保障協力に限らず、オーストラリア、フィリピン、ベトナム、マレーシアなど周辺国が結束することで、南シナ海を中国の海にしようとする中国の野望を抑止しなければならない。「自由で開かれたインド太平洋」を守ることは、いわゆる第一列島線上、およびその内側の国々の自由と民主、法の支配および人権守るための基礎となる。今や、日本と台湾は手を携えて、さらにはアメリカとの密接な関係を維持して、ともに尖閣諸島およびその海域が中国に実効支配されないよう、協力していかなければならない事態に直面しているのである。

主要参考文献

防衛省公式WEBサイト
『月刊正論 二〇二〇年 九月号　尖閣喪失寸前』（二〇二〇年七月　日刊工業新聞社）
『別冊正論三十六号　尖閣絶体絶命』（二〇二一年三月　日刊工業新聞社）
『月刊正論　二〇二一年九月号　日本の軍事力増強が台湾・尖閣有事防ぐ』（二〇二一年七月　日刊工業新聞社）
亀田 晃尚『尖閣諸島の石油資源と日中関係』（三和書籍　二〇二一年）

第四章　コロナ禍の日本と台湾
――日本と台湾の防疫意識の差

大仁科技大学助理教授　新井雄

はじめに

日本の厚生労働省の発表によると、二〇二一年九月十九日現在、新型コロナウイルスの陽性者数の合計が百六十七万三千百四十四人、死亡者数が一万七千百五十六人となっている。[1] 一方、台湾のCDCである「衛生福利部疾病管制署」（以下CDCと省略）のホームページによると、同年九月十九日現在、陽性者数の合計が一万六千百二十九人、死亡者数は八百三十九人と圧倒的に差が出ている。[2]

周知のとおり、日本は二〇二〇年の二月より新型コロナウイルスに振り回されている。二〇二一年九月下旬、日本では新型コロナウイルスの「第五波」の感染者数が急激に減少しつつあるが、次の「第六波」は必ず来ると対策を検討中である。一方、台湾では二度の危機を乗り越え、社会は落ち着きつつある。

私は、新型コロナウイルスの影響により揺れ動いた昨年の一月からの一年半の日本と台湾で過ごした回想をまとめてみた。特に、なぜ台湾における防疫対策が二度にわたり成功したのか、そのプロセスを念頭に置きながら、現地滞在者の視点で、在籍している学校や滞在している町の様子を書き綴ってみた。

新型コロナウイルス対策に混乱している日本とは逆に、新型コロナウイルス対策の模範生となった台湾の状況がこの文章から伝われば幸いである。

苦難の始まり

二〇二〇年一月、私は日本に一時帰国していた。毎年恒例のお正月帰国である。台湾では、毎年旧暦のお正月が冬期休業となる。所属している大学も冬休みであり、私も一月二十日から日本の実家のある栃木県に帰郷していた。

帰国の直後ぐらいから、中国の武漢で謎のウイルスが発見され、感染すると重度の肺炎になるという報道が流れていた。日本へ帰国して三日目ぐらいから、日本ではマスク不足が起こっていた。一月下旬には、栃木のすべての薬局で、マスクが品切れとなっていた。

私は、二月三日には台湾に戻ったが、同じく旧正月が休みの中国から多くの観光客が訪れていた日本では、すでに新型コロナウイルスが拡散しているという報道があった。

台湾の大学の初期対応

台湾政府の防疫対策はとにかく迅速であった。まず二月二日、すべての教育機関の冬休み二週間延長を決定した。

授業開始当初から、教職員の中には緊張感があった。学校で感染者が一人出たら、そのクラスは学級閉鎖、二人以上出たら、学校が閉鎖と決まったからだ。

私が所属している台湾屏東県にある大仁科技大学も同様である。弊学は三月二日から授業開始となったが、同日から教職員は交代で、学校の各校門付近にテントを張り、学校に来る学生の検温とマスク着用を呼び掛けた。また、体調不良の学生、発熱している学生がいれば、クラスの担任教員から学科主任、学科主任から学校の衛生担当部署に連絡が行き、学生の感染者状況を把握した。

弊学の防疫担当の行政単位は教職員および学生全員に毎日の体温登録を呼びかけたが、当初は混乱し、体温の登録場所が、学校のホームページ上に一つ、各学科が設けたオンラインページに一つ、さらに三月末には、弊学専用の体温計測アプリを制作され、教職員および学生全員にダウンロードを要請し、毎日の体温登録を実施した。つまり、毎日三か所に体温を登録していた。

ところが、それだけしても教員が強く要請しない限り、学生もなかなか体温を登録してくれず、困った。当時緊張していたのは教職員だけで、学生たちに緊張感がなかった。授業中も、何度もマスク着用を注意したが、数名の学生は「屏東にウイルスは来てない」と言って、マスクをしなかった。そこで、さらに弊学の各クラス単位で衛生担当の学生が決められ、クラスメイトに体温計測を促し、授業終了後の教室消毒を実施した。

授業においても、出席確認だけでなく学生の座席を固定し、毎回登録した。学生の座る距離もできるだけとり、「梅花式」に座らせた。

また、学生食堂などでも、食事中のソーシャルディスタンスを確保するため、テーブルと椅子が半分撤去され、学生にはできるだけテイクアウトを推奨した。

徹底したマスク管理

二月に台湾に帰国した時には、すでにいつでもどこでも売っていたマスクがなかった。コンビニ、薬局、スーパーからすべてマスクが消えたが、日本と違って、台湾政府は見事にマスクを管理していた。政府がマスクの在庫をすべて把握し、台湾全国の指定の薬局に、国民全員が平等に買えるように配布し、販売させた。マスクの在庫が、どの薬局に何枚あるか、毎日ネットで確認ができ、一週間に何枚と決められ、台湾人および台湾に在留資格がある外国人でも購入することができた。それでも人口の多い北部では、薬局の前に行列ができていた。一方、南部では、このマスク管理システムができたばかりの一、二週間は行列ができていたが、三週目ぐらいにはほぼ行列はなくなった。北部ほど緊張感がなく、南部では一つのマスクを使いまわしている人も少なくなかった。

日本へ帰国できず

二〇二〇年の夏休み、日本への帰国は諦めた。日本における感染状況は改善される兆しがなかったからだ。台湾に来て、留学生活を含め、十八年ほどになるが、夏休みに日本へ戻れなかったのは今回が初めてであった。その影響もあったのか、八月中旬、私は急性胃腸炎になった。急に下痢になり、発熱したので、多少慌てたが、タクシーで最寄りの病院に行き、すぐに診てもらえた。夏には、台湾も落ち着き、海外から来る人以外で、国内の感染者はゼロであり、病院の状況は平常通りであった。ただし、病院に入る際は、保険証あるいは身分証の提示が求められ、体温計測で三十七度以下の人しか入れなかった。

台湾は新型コロナ対策の優等生

九月授業再開。台湾では民国一〇九年度の第一学期開始にあたり、学校が行うべき、対策が通知された。毎日の体温計測、マスク着用、ソーシャルディスタンスの確保、授業の座席指定記録、教室の換気は継続、定期的な教室の消毒も実施された。教員の全体会議も実施されたが、全員マスク着用、会議は学校で一番大きな多目的ホールで行われた。会議場入室の際は、手を消毒、座席間隔をとり、厳密に防疫対策をとりながら行われた。毎学期ごとに優秀な担任教員が賞をもらうのだが、その記念の写真撮影だけはマスクを外して行われた。防疫対策が始まってから半年、度重なる注意喚起にすでに慣れており、学生だけでなく、教員の中にもマスクをしない人が増えていた。

十一月、世界的に見て、台湾の状況は落ち着いていた。台湾の新型コロナ対策は世界の成功例として、日本のニュース番組で紹介されていた。また、日本の群馬県のある高校では、中国語の勉強のための留学先として、台湾を考えているという報道が見られた。弊学でも、日本の留学生受け入れのため、Facebook や YouTube を使った宣伝を行った。

不安の中での日本帰国

二〇二〇年十二月二十六日、私は日本の実家の事情で、台湾から日本へ帰国した。コロナ禍の日本への帰国である。異様な緊張感があった。日本航空で帰国したが、乗客は私を入れて三十人ぐらいであった。乗客は台湾人の方が多かったが、台湾人の方が緊張感を強く感じていたようだ。ある乗客は防護服を着用し、マスクをした上にフェイスシールドをしていた。機内食はあった。私は十分に防疫対策がしてあるものと思い食べたが、食べない乗客も何人かいた。

無事に成田に到着し、入国手続きをする。台湾の空港において、すでにスマートフォンを使い、入国書類は記入済み。そのスマホの資料を見せ、簡単な質疑応答を受け、入国した。空港内の人影は少ない。

日本入国の際に、日本人も外国人も、入国後二週間の滞在先を含む個人資料を登録しなければならないが、「新型コロナウイルス接触確認アプリ（ＣＯＣＯＡ）」への登録は任意であった。私は登録しようとしたが、日本のスマホを所持してないと登録できず、結局アプリのダウンロードすらできなかった。

日本では、入国の際、自宅あるいは滞在先における二週間の待機を要請するのみで、強制もせず、その確認もしていない。電話番号を聞いておきながら、待機中の二週間、私には一度も保健所から電話がなかった。もちろん、私が安全な台湾から帰国した上に、当時保健所の業務は混乱を極め、余裕がなかったのはわかるが、全く無関心のようで、逆に不安になった。

公の場ではしっかり管理している台湾にいたこともあるが、日本滞在中も、場所によって、人によってであろうが、日本人の危機意識の低さに不安になった。私の滞在先は感染者がさほど多くない田舎ということもあったが。田舎とはいえ、県内では私の実家がある佐野市は比較的感染者が多かった。にもかかわらず、感染予防を徹底していないお店があることに驚いた。もちろん、スーパーや薬局などは、徹底した防疫対策を行っている店がほとんどであったが、ある電機屋さんではトイレに石鹸がなかった。また、ある銀行では、検温設備があるのに誰も使わないし、銀行側もそれを気にしていなかった。

マスクをしないで歩いている人も何人も見かけた。すでに、マスクはどこでも買える状況なのに、不織布のマスクを洗って使いまわしている人がいるのにもびっくりである。

厳格な対応の台湾

二〇二一年一月中旬、台湾北部・桃園の病院で院内感染によるクラスターが発生し、医師や看護師など複数の感染者を確認したことが発表された。感染拡大を抑えていた台湾では衝撃であった。春節(旧正月)の大型連休を控え、警戒感が強まってきた。この時も台湾は迅速に対応して、クラスターが発生した北部・桃園の病院に入院歴のある人や同居家族約五千人に、二週間の自宅隔離を強制し、結果ウイルスの拡散を防いでいた。

再び台湾へ

一月下旬、再び台湾に戻ることになった。台湾への飛行機に乗るには、ＰＣＲ検査が必要であり、その陰性証明を確保し、さらにネットで台湾に入国してからの二週間の滞在先をスマホで登録し、その登録した証明画面をスクリーンショットして、空港の搭乗カウンターで見せて、ようやく搭乗手続きができる。

さらに台湾入国の際、台湾のスマホが必要である。台湾では、入国者全員の所在を携帯電話で確認している。入国の際も、まず飛行機を降りたところで、空港の検疫官に陰性証明とスマホでの二週間の滞在先の資料を見せる。すると、検疫官から以後二週間朝夕二回の検温と健康チェック表が渡され、検疫中はスマホの電源を絶対に切らないように注意された後、入国審査となる。入国後は、空港では防疫用のタクシーが待っており、そのタクシーで、指定の滞在先へと向かう（台湾の家族や友人の車でも大丈夫）。入国者は公共の交通機関は使えないというのは、日本と同じである。

私は、二週間の防疫ホテルを選択した。高雄市の某所である。台湾のＣＤＣは、ネット上で防疫ホテルを公開しているが、ネット上で公開されていないホテルもある。ホテルを探す場合は、滞在する市や県の政府が開設している窓口があり、日本語ができるスタッフもおり、利用者の要求に応じたホテルを紹介してくれる。[3]

台湾では、ホテルに入居してからの管理体制もしっかりしている。ホテルに到着すると、まず消毒液で全身および荷物を消毒される。それから、二週間はホテルの部屋から完全に出られない。もし無断で出た場合、日本円で三百万円以上の罰金を科せられる可能性がある。[4]

ホテルの部屋は一人一部屋。カギはもらえない。外出が禁じられているためだ。部屋のドアを開けていいのは、朝、昼、夜の三食のお弁当を受け取る時と午後二時のゴミ出しの時のみである。その上、毎日午前十時半に検温結果をホテルのカウンターに報告する。

さらに、ホテルに到着してから一両日中に、私が滞在しているホテルのある地域の検疫担当者から電話が入り、二週間の外出禁止の注意と健康状態のチェックがあった。以後、同検疫担当者から三日に一回ぐらいの割合で、健康チェックの電話が入った。

また、私が所属している大学の衛生健康管理担当部署からも同様の電話があった。

加えて、ホテル入居翌日から、毎日午前十時頃に台湾ＣＤＣから健康チェックのためにスマホにショートメールが入り、それを返信しなければならない。

最後に、ホテルを離れる前日には、高雄市の警察局からも健康確認の電話があった。

ホテルでの隔離生活

私は運よくツインの部屋を借りられた。そこそこ動けるので、簡単なストレッチや運動ができたのは助かった。

意外に苦労したのは食べ物だった。三食提供されるお弁当は台湾の代表的なお弁当であり、まあまあおいしいのだが、メニューを選択できず、私にとっては量が少なく、やたらとお粥が多かった。出前も頼んでいいのだが、配達員とは接触できず、ホテルのカウンターも料金の受け渡しには協力しない。よって、カードで支払いが必須であったが、私はカードがないため、出前が注文できなかった。ある程度、このようなことを予測し、お菓子をたくさん持参したが、二週間は思ったよりも長く、十日でほぼ底をついた。よって、最後の三日間はとにかくお腹が減った。

ホテルのカウンターでも買えるものはあった。石鹸、ティッシュ、水、お茶やコーヒーのパック。シャンプーだけは無料で補充してくれた。水はとりあえず、ダンボール一箱が準備されていたが、足りなくなって、もう一箱注文した。

今考えて持っていけばよかったと思うのは、お菓子はもちろんだが、シャンプーやリンス、石鹸などを持参すればよかった。このホテルのシャンプーとボディーシャンプーの質が良くなかった上、リンスがなかった。また鼻炎気味のため、ティッシュが足りなくなった。ホテルでも買えたが、量が少な目で高かった。

スリッパも持参すればよかった。このホテルの紙スリッパは壊れやすく、二日で破れた。

部屋の窓は一つ、毎日同じ風景である。でも、ないよりはマシであった。シャワールームの通気口が繋がっているのか、隣室からタバコの匂いが来るのが苦痛だった。もちろんこのホテルは禁煙である。ホテルの人は宿泊客に禁煙であると注意もするが、効果はない。

ホテルスタッフのレベルに問題があるのか、あるいはカウンターはバイトの学生が担当しているのか、毎日応対に差があった。毎日十時半に検温結果を連絡するのだが、ある時はとても迷惑そうに対応された。

ホテル滞在中、毎日台湾のニュースを見ていたが、台湾は日本よりもはるかに防疫対策で成功しているにも関わらず、テレビでは台湾ＣＤＣによるＣＭが頻繁に流れていた。そのＣＭでも大人数の会議、会食を制限し、マスクの徹底、検温を呼び掛けていた。

追加の隔離措置

私の隔離は二週間で終わらなかった。台湾では、二週間の隔離後にも感染が確認された入国者がいたため、さらに一週間の「自主健康管理」が追加されることになった。「自主健康管理」の期間中は外出し、買い物はできるが、外食はできない。さらに公共の場所はいけない。そのルールを守らないとやはり罰金が科せられる。[5]

学校の会議にいくつか参加できなかったが、政府の要請による休暇のため、「公假」（有給休暇）が許可された。公の場所へ行くことや公共交通機関の使用は禁止されているが、外出はでき、スーパーなどで買い物もできた。とりあえず、外で動けることがうれしかった。二週間ずっと同じ部屋というのは、思ったよりもきつかった。できれば、もう二度と経験したくない。

新学期における防疫対策

二〇二一年二月、民国一〇九年度第二学期の授業が始まった。前学期同様、毎日の体温計測、マスク着用、ソーシャルディスタンスの確保、授業の座席指定記録、教室の換気、定期的な教室の消毒などの防疫対策は継続されていたが、この時点では、空港の厳格な防疫対策により、新型コロナウイルスは封じ込められていたので、緊張感はなく、弊学においても、教員にも、学生にも明らかに気の緩みが出ていた。

台湾国内で感染拡大

五月十一日、台湾で感染源不明の国内感染者が六人確認されたのを受け、ＣＤＣは、新型コロナウイルスへの警戒レベルを「レベル二」に引き上げ、感染拡大防止措置を強化すると発表した。期間は同日から六月八日までの四週間。室内での百人以上の集会を原則的に中止とするほか、台湾鉄路管理局や台湾高速鉄道での飲食を禁止した。

台湾のテレビニュースでは、台北を中心にウイルスが台湾全土に拡散した可能性があることを報じていた。さらに、五月中旬から台湾の雰囲気は一変した。連日、二十四時間、新型コロナウイルスの報道が流れるようになった。

オンライン授業

五月十五日、県政府の意向を受けて、弊学は五月十七日から二週間、全校オンライン授業に切り替えることを決定した。弊学ではオンライン授業実施の可能性は前学期から予想されており、Googlemeetをはじめとするオンライン授業のシステムの研修会を開いており、ほとんどの教員は準備ができていた。

前学期の授業で、学生たちにも、オンラインの模擬授業をしていたので、ほぼ混乱することなく、オンライン授業は展開された。良い効果として、オンライン授業の方が欠席者や遅刻者が少なかった。急にデジタル教材主体の授業になったため、教員および学生の中に戸惑う人はいたが、徐々に慣れてきた。日本語を教える上で、学生に日本語を話させることが重要で、その学生が話した日本語の発音、アクセントを確認することが必要であるが、オンライン授業の方が学生の声が聞きやすく、指導がしやすかった。ただ、ずっと動かず、パソコン画面を見続けるため、目や脳は疲れを感じた。やはり、教室で授業する方がいいというのが本音だ。

同月二十四日、台湾の感染者数は増え続けており、学校は今学期終了までオンライン授業を継続することを決定した。学期末まで約一ヶ月、学生とは、オンラインによるコミュニケーションとなり、実際に会うことはできなくなった。

感染者急増中の台湾

五月下旬、感染者は台湾全土で毎日三百人を超えていた。ニュースでは、マスク着用を拒否する人が逮捕されたニュースや、五人以上の会合が禁止されているにも関わらず、それを無視し、五人以上でカラオケバーで飲酒をしていた人々に罰金が科せられたニュースなどが流れていた。ただ、普通のアパートで学生が五人でお酒を飲んで、騒いで、近隣住民から通報で、警察が来て、罰金というニュースには、さすがに厳しいと感じた。日本よりも明らかに厳しい措置である。

私が住んでいる屏東県も人影が少なく、バイクの数も通常よりも減っているように思えた。私も感染が怖かったので、五月中旬から二週間は、ずっとアパートと学校の往復だけだった。この期間は、学内のレストランとコンビニが一件づつ営業していた。もちろん、学校の外に出れば、スーパーやレストランも営業していたが、レストランはすべてテイクアウトのみであった。さらに、どのお店に行っても、入店前に「実名登録」が義務であった。お店が用意した紙に、名前、電話番号を書くか、スマホのアプリを利用して、各お店のＱＲコードを読み込み、登録するかである。この「実名登録」のシステムの普及はあっという間に整備された。この速さは台湾の強みだ。

六月二日、二週間ぶりに屏東市内に出た。市内に出るバスに乗る時も、「実名登録」は必要である。久しぶりのバスの乗客は私を入れて二人であった。市内のデパートの地下食品フロア、ファーストフードショップ、コンビニなどに寄ったが、平日とはいえ、人影はまばらであった。とくにびっくりしたのは駅で、人影がほぼなかった。屏東駅は大きな駅で、レストランやコーヒーショップ、百円ショップやお土産屋、弁当屋など二十軒近くの店舗があり、平日でも人が多かったのが、その日の来客はほぼ皆無であった。所用で電車を利用する人が数人いるだけ、閑散としていた。

日本からのワクチン

六月四日、日本政府は台湾へ百二十四万回分のワクチンを供給した。台湾のメディアだけでなく、政府閣僚、各行政単位のホームページやFacebookなどで日本への感謝が伝えられていた。私も台湾人の学生や知り合いからお礼を言われた。それぐらい台湾は日本へ感謝していた。六月中旬に、日本が提供したワクチンの接種が始まり、副反応より死者が出たとの理由で、一時的に日本批判の報道があったが、七月に入り、アメリカが提供したワクチンからも大きな副反応が出たので、いつのまにか日本への批判は消えたように感じる。

卒業式もオンラインで

六月、卒業式も全校オンラインで行われ、学科ごとにオンライン卒業式を実施した。弊学科はGoogle meetで卒業式を行った。問題なく行われたが、やはりオンラインでの卒業式は寂しさを感じだ。今年の卒業生は一年生から教えた学生だったので、直接に会えないのが残念であった。

六月二十八日より、弊学も夏期休業に入ったが、六月中、北部を中心に台湾中に拡散した新型コロナウイルス感染者数は減ることがなく、教職員はできるだけ、リモートでの仕事となった。特に、会議はすべてオンライン会議となった。

七月二日、日本の感染者も増え続け、台湾への入国制限もさらに厳しくなり、日本で実施したPCR検査だけでなく、台湾に到着し、入国の際にもう一度、また二週間の防疫ホテル隔離完了時にもう一度と検査が増えた。以上の厳しい入国審査もあり、二週間のホテル隔離ももう耐えられないことから、二〇二一年の夏休みも日本帰国を断念した。

再び新型コロナを抑え込んだ台湾

七月八日、感染者数が減り、感染者が出るのはほぼ台北市と新北市だけという状況になり、感染警戒レベルが変動するかと思ったが、台湾政府は「警戒レベル三」を維持し、業種や地域によって、限定的に緩めるというような方針を発表した。結局、台湾の各県政府は離島を除いて、緩めることはなかった。緊張の緩みから、感染再拡大を恐れたためだ。飲食業の我慢は限界に来ていたが仕方がないという雰囲気だった。

同月二十三日、七月初旬から台北市と新北市以外の県では感染者をほぼ抑え込んでいたことから、ＣＤＣは各地方政府と協議した後、「七月二十七日から八月九日」まで、感染状況の警戒レベルを第二級に引き下げることを決定した。外出時のマスク着用やソーシャルディスタンスなどの防疫対策は継続であるが、五人以上の室内イベントが五十人までに緩和され、レストランもＣＤＣの規定に基づいてレストランのイートインや葬儀や結婚式も実施可能になった。ただ台北市と新北市は感染者がまだ出ているため、イートイン禁止は継続。二十七日以降、人流も増えることが予想され、不安はあった。

東京オリンピック

七月二十三日、東京オリンピック開催。開会式で「台湾」と呼ばれたことに、Facebook 上で歓喜する友人、知人、教え子が多かった。防疫体制の警戒レベル緩和以降、新型コロナ関係のニュースが徐々に減り、東京オリンピックのニュースが増えてきた。無論、台湾でもオリンピックの試合は毎日放映されている。大会開始から一週間、日本はメダルラッシュだが、台湾選手も頑張っている。連日、台湾のメディアでは、台湾選手の健闘を報道している。台湾の選手はイケメンと美女が多いことで話題だ。メダルを取った選手たちはアイドルみたいに扱われていた。[6]

台湾で日本からのワクチンを接種

七月二十七日、第四ラウンドのワクチン接種予約が始まった。台湾も日本同様、第一ラウンドが医療関係者、第二ラウンドが高齢者や身体に障害がある者、第三ラウンドが准高齢者。そして、第四ラウンドが三十八歳以上の者全員との通知であった。台湾では、まずネット上でワクチン志願票を登録し、政府機関から携帯にショートメールが送られて来て、予約ができる。ただし、この第四ラウンドでは三十八歳以上は、直接ネットで予約ができた。場所と時間は指定ができた。ワクチンは日本から提供されたアストラゼネカ社のワクチンである。

同月三十一日、ワクチン接種に行って来た。私は、住んでいるアパートの近くの「衛生所」でワクチン接種が受けられた。私は午前中に予約したが、接種に来ている住民も多くなく、スムーズに受けられた。簡単なアンケートと問診の後、ワクチンを接種、十五分間休憩して、異常がなかったら帰っていいと言われた。また、二回目の接種は今日から十週から十二週の間に受けられるから、政府からの通知に注意するように言われた。接種後、異常はなく帰宅した。帰宅後も体調は変わらず、どうやら副反応はなさそうだと思っていたが、夕方から注射跡が痛み出し、体中の筋肉も痛みを感じて、よく眠れなかった。翌八月一日、午前中も発熱はしていなかったが、体中に痛みを感じ、体が重かった。

夕方になり、徐々に体が軽くなった。二日目、腕の痛みは少々あるが、体調はほぼ回復した。

蘇貞昌行政院長が弊学を訪問

八月初旬、大雨を伴う台風が台湾に接近、台湾各地に大きな被害が出た。私が住んでいる屏東県も山地を中心に千ミリ以上の雨が降り大惨事となった。ちなみに、私が勤めている大仁科技大学も浸水し、ニュースになった。弊学は窪地に立っているため、毎年大雨の度に、弊学と、弊学付近の民家が浸水し、住民や弊学の教職員、学生を悩ませていた。その状況を見て、台湾の蘇貞昌行政院長が弊学を訪れ、状況を観察し、校門前で会見を行い、速やかに当地の治水の問題を解決することを約束してくれた。ただ、不運にも、その台湾に大被害をもたらした台風は日本へ向かい、九州を中心に日本でも大きな被害をもたらした。

反比例する日本と台湾

八月中旬になり、台湾全国の感染者数も入国者を除けば一桁に抑えられてきた。八月十五日、感染者は台湾全国で九人。そのうち入国者が七人、本土の感染者はわずか二人に抑えた。コロナの状況が落ち着き、私の住んでいる屏東の街も徐々に日常を取り戻しつつあった。レストランでの飲食が制限付きながらも解放された結果、街中の人流も増えてきた。久しぶりにバスに乗ったら、先月の時は、乗客が私を入れて二、三人であったのが、十五人前後に増えていた。町の中心の商店街も去年の夏休みぐらいに人が増えた。ニュースを見ていると、このまま警戒レベルを下げず、来月の開学を迎えそうだ。新学期に入る前に小中高の教職員は、ワクチン接種一回以上とPCR検査が必須の条件になるそうだ。

一方、日本はオリンピック以降、感染者が急増している。台湾の報道から見ている日本はもはや危険地域だ。私の日本の家族も、母はワクチン接種を二度終えたが、妹はまだ一度もチャンスがない。自治体のホームページには四十九歳以下はまだ未定と告知されている。台湾にいる私は日本からもらったワクチンを打てたのにも関わらず、日本にいる家族がまだ打てない。いささか複雑な心境である。

慎重な台湾

八月二十五日、台湾本土感染者はゼロになった。一人の感染者は国外からの入国者である。台湾の新規国内感染者がゼロになるのは、五月九日以来、百八日ぶりである。台湾の各メディアだけでなく、台湾の政府閣僚や地方政府のトップも個人のFacebookで感染者ゼロを喜んでいた。今回、台湾では、市・県政府のFacebookが大活躍だったように思う。私も知り合いの台湾人も、同僚の先生方も学生も、市・県政府のリーダーのFacebookを毎日チェックして、各地域の感染状況および感染者の経路などを確認していた。多くの知り合いが毎日、私の住んでいる屏東県の「県長」である潘孟安さんのFacebookを閲覧し、「いいね」を押していた。

九月十三日、新学期が始まった。感染者がほぼ台北だけに抑え込まれている状況から、当初は教室における通常授業の予定であったが、教育部はより慎重に考えたようで、大学以上の教育機関は、開学から三週間はオンライン授業で始めることになった。教員も、学生も、すでに慣れているので、前学期同様混乱はない。ただ、学内で計画している各イベント、特に前学期実行できず延期になっていたイベントも再延期になった。本学では、全教員と全学生に「学習デジタルチャンネル」（学習用のホームページみたいないもの）を制作しており、同チャンネルでは、チャット、アンケートや課題のアップロード、保存など、いろいろな機能があり、そこに授業の痕跡を残すことが義務化されている。Googlemeetの授業も全部録画し、同チャンネルにアップロードする。よって、欠席した学生はいつでも復習できる。

台湾も日本も、厳しいコロナ禍において、少ない良い影響の一つとして、両国の教育機関のデジタル化が急速に進展したことがあげられる。この状況を利用し、これから弊学科では、オンラインによる国際交流授業を展開していく予定である。

まとめとして

九月下旬に入り、日本でも感染者が急激に減り始めたが、日本の報道は第六波を警戒している。日本でもワクチン接種が急速に進んだことがよかったのであろうか。台湾は日本以上に落ち着き、街中ではコロナ前の状況が回復しつつあるが、未だに警戒態勢を緩めていない。ワクチン接種もようやく一回目が全国民の半数を超えるかというところだ。今後も、台湾がどのように新型コロナウイルスの再拡散を防ぎ、終息に向かわせるか、また日本も第六波を小さい被害に抑え、この新型コロナウイルスとの戦いをどのように終わりに導くのか注目したい。

（二〇二一年九月三十日記）

注

1　日本厚生労働省ホームページ，https://www.mhlw.go.jp/stf/covid-19/kokunainohasseijoukyou.html（二〇二一年二月八日閲覧）。

2　衛生福利部疾病管制署ホームページ，https://www.cdc.gov.tw/（二〇二一年二月八日日閲覧）

3　「防疫旅宿專區」,https://taiwan.taiwanstay.net.tw/covhotel/（二〇二一年二月九日閲覧）。同ホームページで、防疫ホテルおよび防疫用施設の紹介。またそれらを斡旋する台湾各市県の窓口を紹介している。

4　「依法配合居家檢疫隔離14天m、共同守護國人健康」、衛生福利部疾病管制署ホームページ、

https://www.cdc.gov.tw/Bulletin/Detail/EBjjqqNd478Dxd8ClzeqXg?typeid=9（二〇二一年二月九日閲覧）。台湾では、二〇二〇年三月十九日から入国者に対し、十四日間の隔離措置を実施している。

5　「防極端個案7天自主健康管理不可聚餐出遊」、中央通訊設 https://www.cna.com.tw/news/firstnews/202012290206.aspx（二〇二一年二月十日）。

6　「台湾で異例の盛り上がり　史上最多メダル、呼称問題も話題　東京五輪」、『時事通信社 JIJI.COM』、https://news.yahoo.co.jp/articles/063cb1d80269d6413747d5151b5a479ebcb92c6d?tokyo2020（二〇二一年八月六日閲覧）。

第五章

「武漢肺炎」を封じ込めた台湾と蔓延を許した日本
——二〇二〇年一月から五月の感染症対策の実態

東洋大学アジア文化研究所客員研究員　山形勝義

「武漢肺炎」第一報と初動体制

台湾政府が武漢において異状が起きていると気づいたのは、十二月三十日、台湾ＣＤＣ（疾病対策センター）報道官であった羅一鈞が偶然に見たＳＮＳの掲示板であったとされている。それは、武漢の李文亮医師（二〇二〇年二月七日に新型コロナ感染症で死亡）が、新種のウイルス性肺炎で、武漢華南海鮮卸市場の関係者七名の感染が確認された、とする記事と、検査報告、胸部ＣＴ検査の画像を添付してＳＮＳ上に公開したものだった。

しかし、そもそも十二月には、台湾では一部に中国の武漢市で、二〇〇三年に台湾でも流行して八十名を超す死者を出したＳＡＲＳに似た原因不明の肺炎が流行しているという噂が流れていたようだ。

羅一鈞報道官は、この検査報告には一定の信憑性があると考え、十二月三十一日の時点で、「新型と見られる肺炎はヒトからヒトへ感染する可能性がある」と、台湾ＣＤＣ防疫グループに報告した。すると同日午前中に、中国武漢市でＳＡＲＳ疑たる原因不明の肺炎二十七例、内重症七例が発生した、という情報が台湾の衛生福利部（厚生労働省）疾病管制署（ＣＤＣ）に入ってきた。この情報は、行政院の陳其邁副院長（副首相）から蘇貞昌行政院長（首相に相当）に報告され、蘇貞昌院長は、ただちに「武漢肺炎」の情報収集と対応を指示した。

実際、台湾では十二月三十一日から、武漢から台湾への直行便で到着した乗客について、検疫を始めている。素早い対応だった。

ちなみに、陳其邁副院長は中山医学大学医学部に学んだ医師であり、台湾の最高学府、国立台湾大学の大学院公共衛生研究所で予防医学の研究で修士号を取得した医学の専門家であった。

翌日は二〇二〇年の新年、一月一日で台湾の官公庁も休業日、なにごともなく穏やかに新年が始まったかのようだった。

しかし、翌二日、台湾では、衛生福利部が専門家を集めて、「伝染病予防治療諮問会議」を開き、武漢の原因不明の肺炎対策について検討した。この日のうちに、医師の診察時における感染症予防のN九五マスク装着の徹底と空港入国検疫の強化が決定された。さらに武漢からの入国・帰国後十日間の経過観察や旅行経歴告知の徹底も始まった。衛生福利部長（厚生労働大臣）の陳時中は、この日のうちに台北松山空港の検疫所を視察した。すると、すでに検疫所の前には「武漢肺炎感染発生」という注意喚起の電子看板を出していた。また、同空港では、武漢からの直行便の旅客の移動を最小限にするため、駐機場所を検疫所の近くに限定するなど、感染対策への取り組みが着々と実施されていた。さらに入国検疫の体制を強化し、体温チェックによる発熱者発見を強化するとともに、台湾帰国後十日以内に発熱や急性呼吸器症状（咳や呼吸困難）が出た場合は、地域の保健所や防疫ホットライン「一九二二」に電話報告するように周知した。

この内容については、同日に台湾からＷＨＯにも報告された。しかしながら、ＷＨＯはこの台湾の報告に反応を示さなかったのである。

総統選挙さ中の感染症対策準備

実はこのころ、台湾では四年に一度の総統選挙と立法委員選挙、つまり大統領選挙と国会議員選挙の同日投票日を一月十一日に控え、台北でも高雄でも、街という街で選挙戦終盤の白熱した戦いが展開されていた。そして台湾独自の、主要道路を閉鎖して道路上に設置された大ステージや、公園の野外ステージや広場に支持者が集う「造勢会」が、毎晩各地で開催されていた。

投票日まであと十日という最終盤の盛り上がりの中、九日、十日の台北、高雄などの大造勢会には、民進党では蔡英文総統や蘇貞昌行政院長、国民党では韓国瑜候補や馬英九元総統などが登壇し、当該選挙区の立法委員候補とともに演説を行い、歌やダンスも披露され、五十万人、百万人という人たちが集まっていた。地球上でももっとも熱く盛り上がるかのような大選挙戦、密も密、大声も大声、ラッシュアワーの山手線車内がサッカー場十個分に広がったような熱気ある人だかりである。

しかし、その裏で、蔡英文政権は、感染症対策を静かに、しっかりとスタートさせていたのである。一月五日には、「中国原因不明肺炎　疫病情報専門家諮問会議」が開催され、経過観察期間を十日間から十四日間に延長した。その後の、新型コロナウイルス対策の原型が、台湾ではこの段階でできていたことになる。

また、空港の検疫や医療機関に届け出を義務付ける範囲を拡大して、これから武漢に出向く台湾人と現地在住台湾人に対して、手を石鹸で洗い、咳が出る場合にはマスクを着用して、野生動物・鳥類の接触を避け、人の多い公共の場所への出入りを避けるよう警戒を呼びかけた。さらに、この日から、十四日間以内に武漢訪問歴を持ち、発熱などの症状が出た場合は、肺炎の有無にかかわらず、軽症患者も監視対象として、検体検査を実施することとし、防疫体制の抜け穴をふさいだ。

一月六日、台湾行政院は、中国における新型コロナ感染症の正確な情報を把握するための調査体制強化を衛生福利部に指示したため、衛生福利部では現地調査を決断し、中国当局に対して、疫病の専門家・調査官二名を武漢に派遣したい旨を書面で送付した。

すると翌七日、中国が、「原因不明」としてきた「武漢肺炎」の原因菌が新型コロナウイルスであると発表した。ここから、今日まで続く「新型コロナウイルス」との戦いとなったものである。

続いて一月八日には、すべての国際線と厦門、泉州、福州などとの船舶往来について、警戒レベルをひき上げた。台湾の離島と中国を結ぶ、金門・馬祖島のフェリーターミナルでも、検疫の強化が実施された。

いずれにしても、台湾の街はいつもの賑わいのまま、否、選挙戦最後の人出とシュプレヒコールの中で十一日の投票日を迎えたのであった。選挙結果は、八百十七万票を超える史上最高得票での民進党蔡英文総統の再選、そして立法院でも、与党が単独過半数を維持する結果となった。

日本における新型コロナウイルス感染症の報道

「二〇一九年十二月三十一日、中国湖北省武漢市で検出された病因不明の肺炎（原因不明）の事例についてＷＨＯ中国事務所に通知されました。二〇二〇年一月三日現在、病因不明の肺炎患者、全部で四十四人が、中国の国家当局によってＷＨＯに報告されています。報告された四十四例のうち、十一例は重症であり残りの三十三症例は安定した状態です。報道によると、武漢にある関係する市場は環境衛生と消毒のために二〇二〇年一月一日に閉鎖されました」と日本の厚生労働省が伝えたのは、二〇二〇年一月五日のことだった。その後、中国内陸部にある湖北省武漢市で、二〇一九年十二月八日ころから二〇二〇年一月十日までに、原因となる病原体が特定されていない肺炎患者が四十一名確認された、と報道された。その後、一月十四日には、厚生労働省は「中華人民共和国湖北省武漢市における原因不明肺炎の発生について（第４報）」を発表して、「武漢の保健当局は、原因不明の肺炎患者の七名が重症、六十一歳の男性が死亡した」と伝えた。死亡した男性を含め患者の多くが武漢の海鮮卸売市場の関係者だったため市場の営業は停止された。これを受けて、日本の厚生労働省は、武漢からの帰国者でせきや熱などの症状がある場合は、速やかに医療機関を受診して渡航歴を申告するように呼びかけた。

これについて、ＷＨＯ（世界保健機関）は一月八日、武漢発の原因不明の肺炎について、病原体を検査した結果、新型ウイルスの可能性が否定できないと発表した。併せて二〇〇三年に感染が拡大した

「ＳＡＲＳ」や、重い肺炎を引き起こす「ＭＥＲＳ」、「鳥インフルエンザ」である可能性は否定した。その後、一月十四日になって、ＷＨＯは、中国当局からの情報提供を受けた患者から新型のコロナウイルスが検出されたことを確認したと明らかにした。そのうえで「今のところ大規模に感染が広がっている状況ではない」とし、「家族間など限定的だがヒトからヒトに感染する可能性もある」として、医療機関へ向けて診断方法を示した手引きをウェブサイト上に公開した。

新型コロナウイルス対策＝徹底的な隔離

一方、台湾の疾病対策センターは一月十二日に、感染症専門家二名を武漢へ派遣して、翌十三日から中国側の案内のもとで現地調査を実施した。台湾の専門家二名のほか、香港、マカオの専門家とともに現地の保健当局や病院から詳しい事情を聴きとり、武漢海鮮卸売市場では、ウサギやアナグマなど野生動物が販売されている状況なども調べた。

調査を終えて十五日に帰国した専門家二名は、台北市内で記者会見を開いて、「武漢市内で確認した肺炎患者四十一名のうち、七割が地元の海鮮卸売市場に出入りしていて関連性があった。中国当局の専門家によれば、そのうち一例は海鮮市場勤務の夫が発症、体が不自由で海鮮市場には行っていない妻も五日後には発症していることを確認した。これは感染者である夫から妻へという、ヒトからヒトへの感染を確認したと捉えるべきである」として、限定的な範囲でヒトからヒトへ感染する可能性を公式に認めた。さらに、三割前後の患者は市場に出入りした形跡がなく、感染経路が不明であることも紹介した。

また、台湾の国内法上の扱いについては、一月九日の段階で、衛生福利部疾病管制署が武漢肺炎を法定伝染病にすると発表していたが、十五日になって、具体的に新型コロナウイルスを、「厳重特殊伝染性肺炎　第五類法定伝染病」に指定した。WHOは「ヒトからヒトへの感染は確認できていない」と発表していたが、台湾は独自の調査結果に基づいて、台湾国内で一人の感染者も確認できていないにもかかわらず、早々に法定伝染病指定に踏み切ったのである。それによると、武漢から台湾への入境後十四日以内に症状があり、肺炎の診断が出た場合、医療機関は二十四時間以内に政府への届け出が義務付けられ、違反した医療機関には最高二百万元（およそ七百万円）の罰金を科すこととした。

その上で翌十六日、台湾CDCは、中国武漢市の渡航や感染症危険レベルを、二番目に高い「警示」に引き上げた。具体的には、台湾から中国への渡航者に対して、現地において感染への警戒を強く喚起して、市場などの人の多い場所や病院などの出入りを避け、野生動物や家畜との接触を避けるよう強く呼び掛けた。

日本では、武漢市から帰国した神奈川県の三十三歳の中国人男性から新型コロナウイルスが検出された。これが日本初の事例である。これは一月十四日、武漢に滞在歴がある神奈川県居住の三十代男性の肺炎患者の検体を、厚生労働省の施設等機関である国立感染症研究所で検査を行った結果、一月十五日に、新型コロナウイルス感染症の陽性の結果が得られたと報告・全国に報道されたものである。

一方、中国では、一月十七日から、新型コロナウイルスによる肺炎に関する情報統制を強化し、感染状況を訴える投稿をネット上から削除した。それだけではなく、一月六日から十七日の十二日間は中国からは感染情報がほとんど出されなかった。これはちょうど、武漢市を含む湖北省内の人民代表大会・政治協商会議が開催されていた時期であり、この会議を挙行するために、情報統制を敷いたものと考えられる。

そうした中、一月十八日には中国で三人目の死者が出たことが伝えられ、合わせて北京と広東でも感染が確認された。しかし、当の武漢市では伝統の春節食事会が開催され、四万人が参加する賑わいを見せた。その食事会や春節による人の移動のためか、二十日になると、武漢市その他中国で感染者が二百人を突破したことが報告された。事ここに至って、ようやく中国は「人から人への感染が認められる」と発表したが、後の祭りである。

この日、台湾ではまだ感染者が確認されていなかったが、日本、韓国、タイなどで新型コロナウイルス感染の患者が発生したことから、台湾政府は「厳重特殊伝染性肺炎　中央感染症指揮センター」を設置した。このセンターは、情報の一元化、情報開示、感染症対策のガイドライン策定の実施などが目的である。この段階では、責任者は、衛生福利部疾病管制署署長という所管官庁の実務官レベルであり、三級行政機関相当であった。それでも、政府が本腰を入れて新型コロナウイルス対応に乗り出したことを国民に知らしめるため、「有政府、請安心（政府があるので安心してください）」という感染症対策のメッセージを使い始めた。

また同日、水際での対策を強化する方針で、過去十四日以内に中国への渡航歴があり、肺炎の症状が見られる訪台旅行者は、国籍を問わず、すぐに隔離措置とすることを決めた。一月二十五日の春節を前に、世界中から台湾への帰省ラッシュとなる前に、対策を徹底しようとしたのである。

台湾の感染者第一号

すると、すぐ翌日、一月二十一日に、初めて台湾で新型コロナウイルスによる肺炎患者が確認された。センターの報告によると、「確認された患者は南部に住む五十代の台湾人女性。武漢で働いており、二十日に武漢から帰国した際に発熱や咳などの症状があったため、自主的に空港の検疫官に申し出た。女性はすぐに病院に搬送され、隔離治療を受け、その後、陽性と判定された」。また、台湾への機内でその女性と接触があったと見られる四十六名について、追跡調査が行われて陰性が確認された。

この日、台湾CDCは、武漢市地域へ渡航などの感染症危険レベルを三段階で最も高い「警告」に引き上げた。併せて、台湾人の武漢市への不要不急の渡航は控えるよう呼び掛けた。また、中国への渡航歴や中国渡航歴がある人との接触があった場合は、伝染病防治法第三十一条に基づき、診察時に必ず医師に渡航歴や接触歴を告知するよう義務づけられた。違反すると罰金として一万〜十五万台湾元（およそ四万円から六十万円）が科されると通達された。

蔡英文総統ＷＨＯへ訴え

一月二十二日、春節の大型連休直前の台湾では、感染者は未だ一名だったが、隔離のうえＰＣＲ検査を受けている者は五十四名であった。それでも感染拡大に危機感をもった台湾政府では、蔡英文総統が、総統府で国家安全会議の会合を開いた。つまり、国家の最高レベル会議で新型コロナウイルスへの対策が検討された。

この会議には陳建仁副総統、蘇貞昌行政院長、総統府最高長官の陳菊総統府秘書長の他、国家安全会議議長、国防部長、外交部長、衛生福利部長、大陸委員会主任など、関係閣僚、国家安全機関の役人、台湾ＣＤＣの周志浩署長などが召集されて、防疫対策について意見が交わされた。

会議後、総統府は感染拡大防止対策を報告したが、合わせて蔡英文総統が、世界に向けて「台湾は世界の一部です。二千三百万人の台湾人民は地球上に存在している。みんな、同じように健康を害する脅威に立ち向かわなければならない。ここが最前線の感染防疫になるかもしれない。私は再度訴える。ＷＨＯは、政治的要因で台湾を排除すべきではない。ＷＨＯは台湾を受け入れるべきです」との談話を発表した。これには、台湾を排除するＷＨＯへの怒りとともに、台湾が二〇一九年十二月三十一日時点で報告していた「ヒトからヒト感染」の警告を無視したＷＨＯへの抗議の意味も含まれていた。

武漢都市封鎖による航空便全便キャンセル

続く一月二十三日、ついに武漢市が封鎖、ロックアウトされた。これを受けて、台湾政府は、中央感染症指揮センターの新型コロナウイルスの感染防止対策レベルを三級から二級へと一段階引き上げた。したがって、センターの指揮官には衛生福利部長の陳時中が就任した。閣僚自らが現場の責任者に任命されたわけである。ちなみに陳時中は医療専門家だが、実は歯科医であった。しかし、これ以後、陳時中の的確な指導を台湾国民は信頼するようになる。

この日、中央感染症指揮センターは、武漢から台湾への公共交通機関乗り入れの全面停止を宣言した。これにより、武漢からの飛行機は全便キャンセルとなり、武漢に滞在中の台湾人は直行便で自国へ帰れないことになったが、台湾国民の安全のために全面停止措置を採用したのである。さらに、台湾の空港港湾での厳格な「健康声明書」のチェックとパスポートチェックが行われることになった。

同日、台湾代表の出席が認められないまま、ＷＨＯは緊急委員会を開催した。そしてＷＨＯは、この段階になっても、武漢市における新型コロナウイルス関連肺炎の発生状況は、国際的に懸念される公衆衛生上の緊急事態には該当しないと発表した。

台湾式水際対策の実施

さらに一月二十六日になると、台湾政府は、湖北省在住の中国人の訪台を禁止するとともに，湖北省以外の中国人についても留学生を含めて訪台を延期させることとした。そうしたなかで、審査を経て入境を認めた中国人についても、十四日間の健康観察を導入した。この段階で、台湾で感染が確認された者はわずかに三名であったが、中国との経済関係が密接な台湾にとって経済的打撃を承知の上で、政府は国民の安全のために、大胆な決断をしたのである。その上で、香港・マカオを除く中国本土全域を感染症危険レベルが最も高い「警告」の対象とし、台湾から不要不急の渡航をしないように求めた。

一月二十八日の時点で、台湾の感染者は七人だけだったが、接触履歴があるとして隔離対象となった人は実に二千人に及んだ。逆に、こうした徹底した隔離によって、国内感染の急速な拡大が阻止されていく。

二月一日になると、中央感染症指揮センターは、武漢市のある湖北省を一級感染流行区、広東省を二級感染流行区に指定、翌二月二日からは、広東省の住民の台湾への入国を拒否することを決めた。また、広東省及び金門などから帰国した台湾人の十四日間の自宅隔離も実施、さらに中央感染症指揮センターは、浙江省温州市を二級感染流行区に指定し、二月三日から温州市住民の台湾入国を禁止した。矢継ぎ早の入国禁止措置である。

なお､台湾ではこの時期春節休みで､学校も一斉に休暇だったが､その再開予定が二月十一日だった。これについて、学校での感染拡大を危惧した教育部では、授業再開を二週間延期すると決定した。また翌日三日には、大学、専門学校の授業再開については、若者の行動範囲の広さなどを考慮して、さらに慎重に二月二十五日以後とする措置をとった。実際には、大学側の判断で、春節明けの大学授業の再開は三月二日だった。

ところで、子供たちが自宅で長時間を過ごすということになると、昼食の用意などの問題もあり、親が子供の世話を焼くために仕事を休むということが発生する。政府は、こうした必要性にも配慮して、十二歳以下の子供がいる世帯の保護者は、有給で休職できる制度を導入した。

日本の学校休校措置

日本では、小中高等学校の休校措置を決定したのは二月二十七日のことで、実際の休校は三月二日からで、この決定は台湾より二十五日遅かった。最初の感染の発生は、日本が一月十六日で台湾が一月二十一日だから、日本のほうが具体的な危機感に基づく対策を講じるべき事態は先に発生していたが、対応はこれだけ遅かったのである。

台湾が、すでに春節休みに入っており、その延長という措置をとったのと比べると、日本の学校制度では、二月から三月は学年末で、進級や進学にかかわる時期であるために、休校措置をとることが難しい事情があったことは理解できる。それにしても、対応が早かったとはいい難い。

逆に大学は、二月初旬には期末試験が終了して春休みに入ったため、そのまま授業がなく、さらに四月の新学期も入学式もないまま、教室での通常の授業は二〇二〇年の春の学期には行われないことになった。機器、システムの準備が整った大学から、オンライン、オンデマンドでの授業開始となったが、教育界では、空白の半年となった大学、学校が少なくなかった。

武漢市日本人のチャーター便による帰国

日本において、徐々に新型コロナウイルス感染者が判明するなか、政府として緊急の対応をとることになったのが、一月二十三日の武漢市の突然の都市封鎖であった。これによって市内に取り残された邦人を日本へ退避させなければならなくなり、武漢市にチャーター便を派遣することになった。

このチャーター便の派遣は、一月二十九日の第一便から、二月十七日の第五便まで、都合五回行われ、それによって帰国した邦人は合計八百二十九名となった。これらの帰国者には、日本に帰国後二週間以内に、二回以上のPCR検査を実施した。その結果、十四名が陽性と確認された。そのうち四名は無症状の病原体保有者であった。

日本の感染症対策の始動

チャーター便派遣の翌日、一月三十日に日本政府は、新型コロナウイルス感染症対策本部の設置を閣議決定した。当初の設置期間は、三月二十六日から新型コロナウイルス感染症対策を推進するために必要と認める期間とした。つまり、設置の決定は一月三十日だが、設置予定は二ヶ月先ということである。

同日、WHOは、新型コロナウイルス感染症について、「国際的に懸念される公衆衛生上の緊急事態」いわゆる国際的な緊急事態を宣言した。しかし、わずか一週間前、WHOは「緊急事態にはあたらない」と判断していたのである。

一月三十一日、日本では感染拡大を防ぐために、新型コロナウイルスによる肺炎等の感染症が、感染症法の「指定感染症」と、検疫法の「検疫感染症」に指定された。これによって都道府県知事が新型コロナウイルス患者に対して、感染症対策が整った医療機関への入院を勧告することができるようになり、従わない場合は、強制的に入院させることができることになった。そのほか、患者に一定期間、仕事を休むように指示することができ、空港や港での検査や診察の指示に従わない場合は罰則を科すことができるようになった。当初、政府は、政令の施行を二月七日としていたが、間もなく前倒しして、二月一日とした。

日本の水際対策と危機感の浸透

二月一日に、日本政府は、当分の間の措置として、中国便を含む国際線を運航する日本の航空会社に対して、海外の出発地で、入国申請前十四日以内に中国・湖北省に滞在歴がある外国人と、湖北省で発行されたパスポートを所持している外国人について、特段の事情がないかぎり、入国を拒否することとした。日本としては、出入国管理法に基づいて、特定の地域を指定し、入国禁止措置をとるのは初めてである。

安倍首相は、政府の対策本部で、「前例にとらわれた対応では、前例なき危機に対応できない」と強調して、措置に踏み切った。

日本で、社会一般が新型コロナウイルス感染拡大に危機感を持つようになったのは、二つの船での感染事例のためであった。

一月二十日に横浜港を出港したクルーズ船ダイヤモンド・プリンセス号（DP号）の乗客で、一月二十五日に香港で下船した八十代男性が新型コロナウイルス感染症に罹患していたことが確認されたことが、二月二日になって、香港政府から国際保健規則（IHR）通報により伝達された。これが、連日連夜、テレビや新聞、ネットを賑わすことになったダイヤモンド・プリンセス号問題の始まりだった。いずれにしても、DP号における新型コロナウイルス感染拡大は、日本中の人々が感染症対策の必要性に切迫感を抱く大きな契機となった。

この通報を受け、厚生労働省は対応方針を検討し、二月一日に那覇寄港の際に那覇検疫所が発行した仮検疫済書の失効をDP号に通知して、横浜港において再度の検疫を行うことが決定された。船には乗客約二千六百名、乗組員約千名が乗船しており、一月二十日の横浜港を出発から、鹿児島、香港、沖縄などを回った後、二月三日に横浜港に入港することになった。二月三日には発熱等を訴えた有症状者とその濃厚接触者についてＰＣＲ検査が実施された。検査結果は、二月四日夜に判明して、被験者三十一名のうち十名が陽性であった。ＤＰ号の船内では、乗客乗員の健康状態の確認やウイルス検査などが行われ、検査で陰性だった人も健康観察期間が終わるまで、長期間、船内での待機を余儀なくされた。この乗客の下船は、二月十九日から行われたが、帰宅後に感染が確認されたケースも相次いだ。このクルーズ船では結局、七百十二名の感染が確認されて、十三名が死亡した。

もう一つの話題となったのは、屋形船での集団感染だった。感染者が判明したのは二月十四日で、この日に感染が判明した二名は、すでに感染が明らかになっていた七十代のタクシー運転手との濃厚接触者として検査したところから感染が分かったものである。この二人は、一月十八日に、タクシー運転手が参加したタクシー組合の新年会の会場となった屋形船の従業員だった。

この新年会には、約八十人が参加していたが、しばらく後から参加者の中に熱などの症状を訴える人たちが出始め、のちに集団感染が確認された。しかし、一月十八日には、まだ日本で新型コロナウイルスの感染拡大、クラスター発生が知られていなかったため、新年会の参加者にしてみれば、体調不良があっても新型コロナウイルス感染など思いもしなかったのである。

ダイヤモンド・プリンセス号問題のさ中の屋形船での感染拡大の結果、クルーズ船も屋形船も感染症蔓延の際には危険な環境にあるというイメージが日本社会に定着する結果となった。

中国からの入国者のシャットアウト――台湾

二月五日の台湾では、中央感染症指揮センターの陳時中指揮官は、六日から中国全土を二級感染流行区に指定すると発表し、中国全土からの中国国籍者の入国を禁止すると発表した。また、中国、香港、マカオへの渡航歴がある台湾居住民の十四日間の自宅隔離も決定した。

これにより、二〇二〇年二月六日からすべての中国人渡航者は台湾への入国ができなくなった。翌二月七日からは、過去十四日間以内に中国への訪問履歴がある外国人の台湾への入国を禁止したので、日本人でも過去十四日以内に中国への渡航歴がある場合は、台湾に入国ができなくなった。

航空便ばかりではなく、二月十日からは、中台間の海上輸送も停止された。

二月十一日からは、中国大陸・香港・マカオ以外からの旅客便を利用した入国者に対して、「入国健康声明書」の記入を義務づけた。これには、台湾入国の十四日間以前の大陸中国・香港・マカオなど新型コロナウイルスの流行地域への渡航歴、接触歴も記入、正確に報告しなければならない。記載内容に虚偽、書類の記入を拒否、逃避、妨害をした場合は、「伝染病防治法」第六十九条により、最高で十五万元の罰金が科されることになった。

なお、中国との行き来のストップをはじめ、国外との移動の制限がしだいに強まっていくと、台湾経済への影響もしだいに大きくなる。観光業はもちろん、輸出入を伴う製造業、商社などいずれも、製造や販売の中止、企業活動の停止を余儀なくされる事態も多数みられた。これに対して、台湾政府では、企業への支援策として、二月二十六日に、厳重特殊伝染性肺炎防治及及紓困振興特別条例を可決して、六百億元の特別予算を緊急事態対策に使えるように準備した。

武漢在住台湾人の帰国便派遣の顛末

新型コロナウイルス感染症を封じ込めるため、武漢市が都市封鎖したのは、一月二十七日であった。日本を含めて各国は、武漢在住の自国民の救出を図り、特別機を派遣して帰国の便宜を図ろうとした。ところが、台湾の場合、中国は台湾を中国の一部と主張しており、「国内扱い」したために、同様の措置を取ることが困難だった。つまり、武漢市の封鎖は、武漢市から中国国内の他の地域への移動禁止措置である以上、台湾への移動も禁止であった。しかし、台湾政府からみれば、武漢に、台湾人を人質として残されたようなものであった。

それでも、蔡英文政権は中国と粘り強く交渉して、どうにか中国へチャーター便派遣を認めさせ、武漢以外の在住者も含めて、最終的には直航便七便で千四百三十五名を帰国させることに成功した。また、帰国後は、徹底した感染症対策をとり、収容施設を用意して、各自一人部屋に居住させ、毎日の検温など十四日間の厳重隔離の後、帰宅が許されるが、さらに十四日間の自宅で自主的な健康管理という厳重さであった。救出に当たった航空便は以下の通りである。

・第一便　二〇二〇年二月三日　　中国東方航空機　武漢発　二百四十七名

・第二便 二〇二〇年三月十日 中華航空機 武漢発 百六十九名
・第三便 二〇二〇年三月十一日 中国東方航空機 武漢発 百九十二名
・第四便 二〇二〇年三月二十九日 中華航空機 上海発 百五十三名
・第五便 二〇二〇年三月三十日 中華航空機 上海発 二百十四名
・第六便 二〇二〇年四月二十日 中華航空機 上海発 二百三十一名
・第七便 二〇二〇年四月二十一日 中華航空機 上海発 二百二十九名

交渉の経過は次の通りであった。

台湾政府は、武漢が都市封鎖した一月二十七日、ただちに中国側に、武漢市にいる台湾人の帰国保護を要請した。しかし、それから一週間にわたって回答が保留され、返答はなかった。当時、武漢地域には四百名以上の武漢居留の台湾人がおり、出張者なども含めれば九百名の帰国希望者がいると報道されていた。

そこで、帰国要請から三日後の一月三十日、総統府で蔡英文総統は「武漢へ国民を迎えに行きたい」、「武漢地域に滞在する台湾人が適切な援助を得られるように願っている、中国側への交渉を継続する」との談話を発表した。

この間も台湾政府は、台湾から武漢市へチャーター便を飛ばす準備を進めており、医師や看護師を搭乗させ、チャーター便搭乗前に帰国希望者の抗体検査を行い、健康状態を把握するとともに、機内での防疫対策に取り組むことにしていた。しかしながら、中国側は、台湾からの要望に応じる様子はなかった。

結局、第一便は中国側の指定により中国の航空会社である中国東方航空のチャーター便が二四七人の台湾人を乗せて二月三日夜二十三時四十分に武漢を飛び立って、深夜二時に桃園国際空港に到着した。この時は、台湾側に乗客名簿も手交されておらず、武漢台商協会が予め決めていた最優先乗客名簿リストを信じるしかなかった。

台湾に到着すると、チャーター便は格納庫に誘導され、そこで待機していた完全防備の救急隊や警察、検疫官および輸送バス隊、化学兵器部隊に迎えられた。最初に機内に入ったのは検疫官で、帰国者一人ひとりの体調確認をした。飛行機を降りる際には、乗客全員が青い防護服を着用し、靴底も消毒して、それから検温、問診、検査、荷物消毒などを受けた。その後、国内の三ヶ所の隔離施設に振り分けられ搬送された。

なお、中央感染指揮センターの陳時中指揮官は、深夜にもかかわらず現場に赴いて全行程に立ち会った。陳時中は、チャーター便の帰国会見の際には、途中で声を詰まらせて涙する場面もあった。その姿は、台湾の多数国民の共感を呼んだ。

実は、第一便にはリストにない三名が搭乗しており、その中の一名が陽性患者であった。このため、第二便の交渉ではさらに慎重になり、台湾側の派遣するチャーター便に、機内感染など二次感染を防ぐための医療チームを乗せて万全の態勢で迎えに行きたいと、中国に向けて主張した。

しかし、中国は、台湾政府の提案を受け入れず、交渉は難航して、二月五日、六日の第二便、第三便の予定はキャンセルになってしまった。このキャンセルについて、中国側は、台湾当局が断ってきたと主張しているが、人質外交を中国が繰り広げたと言っても過言ではない。

陳時中指揮官は、二月十三日午後の定例会見で言葉を詰まらせながら強い口調で抗議した。「台湾は最善の方法で、武漢地域の台湾人の帰国を希望している。しかも、この新たなリストの百二十一名は健康上、最も優先させるべき人々だ。武漢地域の台湾人もその家族もとても緊張している。私たちは、人道的立場で台湾人の安全な帰国を要望しているだけである。中国は、昔からのいろいろな理由、思惑で、私たちの計画や要望を拒絶するべきではない。大変遺憾である」と抗議したのである。しかしながら、その間も中国は領海侵犯や戦闘機の飛行など示威行動を行なう一方で、チャーター便の受け入れは拒否を続けた。

結局、第二便以後が飛行したのは、三月十日を過ぎてからとなった。いずれにしても、粘り強い交渉を続けて、上記の通りに台湾人の帰国を実現することができたのである。

台湾政府マスク確保の動き

二〇一九年十二月末の初動時から、台湾政府は、武漢肺炎ウイルスの影響で、マスクがなくなる、マスクが足りない、という情報が流れる事を予想していた。総統選挙が終了して、台湾が防疫体制を取り始めると同時に、店頭でのマスクが品薄になり始め、予想が的中した。

マスク不足による国民の不安を払拭するため、蔡英文総統は一月二十二日、「国民に正しい情報を提供し疑問に答えること」を重点項目として掲げると、翌二十三日に、蘇貞昌行政院長が閣議を開き、防疫政策の協議を行った。

蘇貞昌行政院長は、「防疫情報同一作戦」として、まず一つ目は、各省庁、行政部門が全力で一致行動することとし、さらに法務部（法務省）と内政部（総務省）、警政署（警察庁）にデマ情報の取り締まり強化を指示した。また、「マスクを必要量絶対確保」するために、財政部（財務省）と経済部（経済産業省）にマスクおよび防疫資源の生産、輸出入管理の協力を要請した。こうして「防疫臨戦態勢」がスタートした。

一月二十一日に、台湾国内で初の感染者が出ると、その不安に便乗した業者がマスクなどの価格つり上げを図る事例が出てきた。これに対して中央感染症指揮センターは連日、台湾のマスクは足りていると発表したが、効果はなく、数百万枚から数千万枚のマスクが入荷と同時に売り切れる状態が続いた。

医療用N95マスクは、通常、九九九元のものが十倍近くでネット販売されては、摘発された。また、通常は七十元の防疫効果の薄い紙マスク百枚入りが、日本円約二千八百円で販売される事態となり、消毒用のアルコールも価格がつり上げられた。

一月二十日からは「伝染病防治法（感染症予防治療法）」によって、「中央感染症指揮センターが成立している期間中、各行政機関が調達する防疫物資を買い占め、価格つり上げを行った場合、一年以上七年以下の禁固刑か、五百万元（約千八百万円）の罰金もしくはその両方を科す」が適用されると発表された。これによって、価格つり上げや買い占め、転売は、取り締まりの対象となった。

また、台湾政府は、すぐにマスクの輸出禁止も打ち出した。台湾国内のマスク品薄状態、マスク即完売の混乱に対して、一月二十三日の閣議で沈栄津経済部長が以下の四点を報告した。それは、①「マスクの輸出禁止」②「統合買い取り、政府の一括購入」③「統合的調整とコントロール、医療機関への優先配布」④「価格の統一、価格の高値つり上げ防止」である。より詳しくは、台湾からの出国者のマスク持ち出しは五箱二百五十枚までに制限、個人輸出も原則禁止したほか、政府備蓄マスクを放出した。これはコンビニなどで一枚八元（約二十八円）一人三枚までとされた。さらに、マスクの国内生産業者に対し、旧正月休暇に入るところを経済部と地方自治体が連携して増産を依頼し、休日出勤、残業代の補助補填も決定した。なお、増産させたマスクは、政府が全数買い取りを保証して、生産者の不安負担を軽減した。その上で、予備役軍人を増産応援に送り出し、増産ライン新規設置のチームと予算を編成した。最後に、マスクの正しい使用方法の啓蒙も行った。

台湾のマスク増産体制

一月二十四日、旧正月の大晦日に当たる日の夜、陳其邁行政院副院長と沈栄津経済部長が電話で相談して「マスク国家隊」計画を提案した。すなわち、「国でマスク製造ラインと原料を自主的に購買し、国が行政主導でマスクを作ること」にしたのである。旧正月休み中の一月二十七日には、機械購入と原料購入の調査を始め、翌日にはマスク製造ライン機械六十台、一台あたり三百万元（約千八十万円）での購入交渉がまとまり、二十九日には、機械の製造が始められた。

これらの動きは、陳其邁行政院副院長、沈栄津経済部長から蘇貞昌行政院長にすぐ報告され、内閣の第二予備予算から契約金の約六・五億円がメーカーに支払われた。製造が開始されれば、一日生産、約百九十万枚だったマスクが、七百万枚になる計算であった。

成功の鍵はスピードだった。そこで、三十以上の企業・団体・組合に協力を取り付け、国家組織が一丸となってのマスクの増産に向けて動いた。そして通常なら納品に三ヶ月から半年かかる六十本のマスク製造ライン設置プロジェクトを、一ヶ月で完成させたのである。

このプロジェクトは中央感染症指揮センターから、台湾国民に報告された。また、蘇貞昌行政院長や中央感染症指揮センターの陳時中指揮官は、「マスクは足りています。安心して下さい」と国民にメッセージを送った。

これと並行して、一月二十八日から、台湾政府は備蓄マスクや買い取ったマスクをコンビニやスーパーを通じて国民に供給し始めた。初めは一人三枚までと制限して、一枚八元で販売したが、一時期、国民は、コンビニやスーパーに行列を作る事態となった。

また、台湾では、国民全員がICチップ入りの「全民健康保険カード」を保有しており、これには各個人の診療記録、投薬記録、レセプト記録が記録されている。この保険カードの特性を活用して、台湾国内約六千五百ヶ所の健保特約薬局で、一週間に一度、平等にマスクを買えることにした。これによって重複購入も防げるため、買い占めも起きないようになった。

台湾国民のマスク不足による不安解消のために、春節明けからマスク工場は二十四時間操業を続けたほか、二月までにマスクの増産のため動員された予備役軍人などは延べ一万人を超えた。マスク配送のために郵便局員が動員され、健保特約薬局では局員が細かく小分けをして、マスクは国民一人ひとりに平等に提供されたのである。これらのマスクによる防疫活動をマスコミは「防疫国家隊」とも「マスク国家隊」とも呼び、毎日報道していた。これによって国民は、安心して、関わる方に感謝して国民一丸となって武漢ウイルス撲滅に行動するようになったのであった。

また、二月六日からは、マスクの購入が国民健康保険証に記録されることにして、一週間に一人三枚まで購入できることとした。これによって、買い占めも買い急ぎもなくなり、すべての国民が必要なマスクを購入できるようになった。これは日ごろから、保険証のデジタル・カード化が進められていたことを利用して、ソフト開発によって全国ですぐに対応できたことが功を奏したものである。日本では、マイナンバーカードの普及率が低く、そのカードと保険証その他の連動性がなかったため、こうした対応ができなかった。

二〇二〇年三月五日、マスク生産ライン六十機のメーカー納品が全国で完了した。経済部長の沈栄津は、関係者の「不眠不休」の努力が実を結んだと賞賛した。そして、三月七日と九日には、蔡英文総統も各地域のマスク生産工場を訪問した。その際、マスク国家隊に、「台湾精神と国力の存在を示し国民を守った」、「台湾国力、メイドイン台湾の存在を証明した」と謝辞を述べた。そして、蔡英文総統は談話で、マスク生産の戦いを国家「防疫戦」と表現し、「私たちは、政府、行政、企業、国軍、そして国民でこの防疫戦を戦っている。引き続き一緒に戦おう」と国民に訴えたのである。

その後、台湾は製造ラインを増産した結果、世界第二位のマスク生産大国になった。その結果、マスクで世界に貢献することとなった。すなわち、米国に二百万枚、イタリアやスペイン、英国など欧州の国々に七百万枚、台湾と外交関係を結ぶその他の国々に百万枚を送るなど、マスク不足で困窮する諸国に手を差し伸べることになったのである。

国内感染封じ込めに成功した台湾

二月六日に中国からの入国を停止した台湾では、二月七日から三月八日までの一ヶ月の感染者数は三十四人だったが、そのうち二十八人が国内感染者で、台湾国外の感染者の入国は六人となり、新たな域外感染者の台湾への流入がほぼ阻止できる事態となった。

一方、日本では、習近平国家主席の国賓としての来日が四月上旬に予定されていたこと、七月には東京オリンピックの開催が控えており、その前から日本各地で世界各国選手の来日と事前キャンプが開始される予定があったため、日本への入国者を絞る措置は積極的にとりにくい状況だった。

習近平来日については、二月十九日までは四月に実施される予定が確認されていた。これによって、二月の一ヶ月間で中国から日本へ入った旅客は、香港を除いて十万九千百十四人に上った。これでは、域外感染者の日本国内への流入があって当然だろう。

こうして、二月七日から三月八日の一ヶ月の感染者数を数えると、日本は、台湾の十二倍超の四百三十人に達した。

台湾の三月十四日から四月十三日の一ヶ月間についてみると、海外旅行、留学から台湾への帰国者中三百十五人の感染が確認された。しかし、この間の国内感染者数はわずかに二十八人で、一日当り一人未満にまで抑え込まれていた。つまり、二月中に外部からの感染者の国内流入を防ぐ一方、国内の感染者を確実に隔離した結果として、三月には国内感染の抑止に成功するに至ったということである。四月十三日からは、台湾では、国内感染者がゼロとなって、蔡英文総統は、五月二十日、新たな任期を迎えることになった。

日本の新型コロナウイルス対策

日本国内で、初めて新型コロナウイルス感染者の死亡が確認されたのは二月十三日のことで、神奈川県に住む八十代女性だった。この日に、新型コロナウイルス感染症対策本部は、帰国者等への支援、国内感染対策の強化、水際対策の強化、影響を受ける産業等への緊急対応、国際連携の強化等を柱とする、百五十三億円の「新型コロナウイルス感染症に関する緊急対応策」をまとめた。

翌十四日、第九回の新型コロナウイルス感染症対策本部において、政府対策本部の下に「新型コロナウイルス感染症対策専門家会議」（以下、専門家会議）の設置を決定した。この専門家会議の設置は、感染症の専門家をメンバーとする新たな会議で、医学的な知見を踏まえて対策の強化を図るためである。

しかし、感染拡大防止のための実効性ある措置をとれるようにするためには、「緊急事態宣言」を可能にする法改正が必要だった。このため三月四日になって、新型コロナウイルスへの対応をめぐって与野党の党首会談が行われ、安倍総理は法改正に協力を呼びかけた。これにより自治体による外出の自粛や学校の休校などの要請や指示を可能にしようとしたものである。

さて、三月五日、菅官房長官が四月に予定されていた中国の習近平国家主席の日本訪問の延期を発表した。菅官房長官は「日中双方が最大の課題である新型コロナウイルス感染症の拡大防止を最優先する必要がある」と説明した。これによって懸案が一つ減って、政府の対策本部の会合で、水際対策を抜本的に強化して、感染者の多い中国（香港・マカオも含み）と韓国からの日本人を含めた入国者に指定場所での二週間の待機を要請することを決めた。合わせて、発行済みビザの効力を停止して、旅客機が到着する空港を、成田空港と関西空港に限定するよう要請するとした。

先述の法案については、三月十日、政府は、新型コロナウイルス感染症対策の根拠法となる「新型インフルエンザ等対策特別措置法」の一部改正を行い、十三日に可決成立した。

一方、マスクの供給が需要に追い付かず、品薄状態が当面続く状況の中、マスクの転売目的の買い占めを防止して、品薄の解消につなげるため十五日午前〇時から転売が禁止された。これに違反した場合、一年以下の懲役か百万円以下の罰金が科せられることになった。しかし、台湾のように確実に国民にマスクが行き渡る対策が講じられたわけではなかった。そうした中から出てきたのが「アベノマスク」の配布である。安倍首相の主導であったところから「アベノマスク」と呼ばれることになったこの施策は、四月一日に発表されたもので、全国すべての世帯に、布マスク二枚ずつ配布を実行した。感染予防として、安倍総理は、「布マスクは洗剤で洗うことで再利用が可能なことから、急激に拡大しているマスク需要に対応するうえで極めて有効だ」と述べた。しかし、実際の配布には一ヶ月余りの時間がかかり、国民の手元に着くころには、市場におけるマスク不足は解消されつつあるタイミングになっていた。

東京オリンピックの開催延期

東京オリンピックは予定どおり開催されるのか、競技団体や選手からは延期または中止を求める声やアメリカのトランプ大統領からは、無観客など想像できない、延期をしたほうが良いのではないか等の声があがっていた。そうしたところ三月十七日になって、ＩＯＣ（国際オリンピック委員会）は臨時の理事会で、東京オリンピックについて「大会まで四ヶ月あり、今は抜本的な決定をすべき時ではない」として、予定どおり七月二十四日の開催に向け準備を進めていくとしていた。

しかしながら、批判の高まりのため、三月二十二日、ＩＯＣは、大会の延期を含めた検討を組織委員会などと共に始め、「四週間以内」に結論を出すと発表した。これに対して各国のオリンピック委員会などからは「遅すぎる」「早急に結論を」「延期が望ましい」などといった声が上がった。それで結局、二日後の三月二十四日、安倍総理とＩＯＣのバッハ会長が電話にて会談を行って、東京オリンピック・パラリンピックを一年程度延長して、遅くとも来年夏までに開催することで合意することになったのである。

日本が「緊急事態宣言」を発出すれば、オリンピックを当初のスケジュールで開催することが困難になることは明らかであった。日本としては、主導的にオリンピック開催延期を決めさせる決断は難しかっただろう。それゆえ、ＩＯＣによるオリンピックの開催延期の決定の遅れが、日本が「緊急事態宣言」発出を決めかねる要因となったことは疑いない。

「政府対策本部」の設置と緊急事態宣言

一月三十日の政府の決定通りに、特措法に基づく対策本部を設置したのは三月二十六日のことだった。東京都内で感染者が急増していることなどを受け、国内の状況は「まん延のおそれが高い」として「政府対策本部」を設置した。これでようやく全国的かつ急速なまん延で国民生活と経済に甚大な影響を及ぼすおそれなどが生じた場合は、総理大臣が「緊急事態宣言」を行うことが可能な状況となった。しかし、この時点で、政府は「緊急事態宣言」を行う状況にはないと説明していた。

そして四月一日、政府は、全世界からの入国者に自宅やホテルなどでの二週間の待機要請を決定し、また、そこまでの移動に公共交通機関を利用しないよう要請することとした。実施は三日の午前〇時からであった。ようやく水際対策の実効性がこのレベルまで高められたのである。

しかしながら、その後の新型コロナウイルス感染者増大の継続をみて、四月七日、安倍総理は、第二十七回対策本部で「改正新型インフルエンザ等対策特別措置法第三十二条第一項」の規定に基づき、「緊急事態宣言」を発出した。措置内容は、それぞれ都道府県ごとに違うが、①都道府県警察及び都道府県の教育委員会に対する措置の求め、②外出の自粛の協力要請、③催物の開催制限等の協力要請、④施設の使用制限等の協力要請、⑤その他の感染の防止に必要な協力要請等、⑥臨時の医療施設、⑦水の安定的な供給等である。

安倍首相は、記者会見で「専門家の試算として、人と人の接触機会を最低七割、極力八割削減できれば二週間後には感染者の増加を減少に転じさせることができる」と外出を自粛するよう呼びかけた。当初、緊急事態措置を実施する期間は、二〇二〇年四月七日から宣言効力の五月六日までの一ヶ月間であった。当初、実施された区域は、埼玉県、千葉県、東京都、神奈川県、大阪府、兵庫県、福岡県の七都府県であったが、感染が全国に広がったことから、四月十六日に対象を全国都道府県に拡大して、先の七都道府県以外の道府県については、実施期間を四月十六日～五月三十一日とすることが発出された。緊急事態措置を実施すべき区域はその後何度か変更された。

その後、感染が減少傾向になると、五月十四日に、北海道、東京都、埼玉県、千葉県、神奈川県、大阪府、京都府、兵庫県の八つの都道府県を除く、三十九県で緊急事態宣言を解除することを決定した。その後、五月二十一日には、大阪府、京都府、兵庫県の三府県について緊急事態宣言を解除、五月二十五日に、首都圏一都三県と北海道の緊急事態解除宣言が発出されたのであった。

つまり、台湾では二月中に外部からの感染者の国内流入を防ぐ一方、国内の感染者を確実に隔離した結果として、三月には国内感染の抑止に成功し、四月十三日から国内感染者がゼロとなっていたのに対して、日本では、外部感染者の国内流入を防げる体制がほぼ整ったのは四月一日だった。それゆえ国内での感染拡大がその後も継続し、四月七日から一ヶ月半の緊急事態宣言を必要とする事態となった。その間に、著名人を含む多数の国民の生命が失われたことは周知のとおりである。

新型コロナウイルス感染拡大を封じ込めた台湾

二〇二〇年五月二十日、再任された総統就任式での演説において、蔡英文総統は「皆様が人間性の最も善良な一面を発揮し、台湾におけるウイルスの封じ込めを成功させたのです」と国民の協力、秩序ある行動を称賛した。

また、六月五日にイギリス議会下院の公聴会にオンラインで参加した、台湾の前副総統・陳健仁は、台湾の新型ウイルス感染封じ込め成功の理由を質問されて、次の三つの要因であると答えた。それは

「注意深い態度」「迅速な対応」と「先手先手の措置」そしてこれに加えて「防疫機関への国民の信頼」であった。十二月末からの、どの国よりも早い対応は、注意深い態度から生み出されたものであったし、台湾の蔡英文政権の迅速な対応と先手の措置、そして陳時中センター長の的確な指示と、それに対する台湾国民の信頼が、この封じ込めを成功させたことは、陳健仁前副総統の指摘の通りであろう。

ちなみに、陳健仁氏は、台湾の最高学府である国立台湾大学の大学院公共衛生研究所で修士号を取得後、アメリカのジョンズ・ホプキンス大学公共衛生学部流行病および人類遺伝学の大学院で博士号を取得した公衆衛生学の専門家であった。また、公認の副総統となった頼清徳氏も、台湾大学でリハビリテーション医学を学び、成功大学で医学を学んだ後、アメリカのハーバード大学大学院で公共衛生学の修士号を取得している。内科医であり、公衆衛生学の専門家でもある。蔡英文政権では、医学、公衆衛生学の専門家が政権中枢を占めたことで、政治家自身が自信をもって感染症対策の政策判断を行ったこと、陳時中氏の適切な指示と情報開示、オードリー・タン（唐鳳）氏の最新の情報技術の駆使があって、新型コロナウイルス封じ込め成功の要因の一つになっていたといえる。

主要参考文献

藤重太『台湾のコロナ戦』産経新聞出版、二〇二〇年七月
厚労省ＨＰ・報道発表資料『報告書』二〇二〇年

小笠原欣幸『新型コロナウイルスと蔡英文政権』二〇二〇年五月一日
http://www.tufs.ac.jp/ts/personal/ogasawara/analysis/coronavirusandtsaiadmin.html
衛生福利部疾病管制署（https://www.cdc.gov.tw）
https://www.cdc.gov.tw/Bulletin/Detail/ycrQ3GV0gxvW_4wqf_sk0w?typeid=9
https://www.cdc.gov.tw/Bulletin/Detail/zicpvVlBKj-UVeZ5yWBrLQ?typeid=9
https://www.cdc.gov.tw/Bulletin/Detail/Ja4WiN7s_J7sqFkLmxTCAA?typeid=9

日台関係研究会関連書籍

中村勝範編著『運命共同体としての日本と台湾』展転社、一九九七年、三八二頁、二〇〇〇円
中村勝範編著『運命共同体としての日米そして台湾』展転社、一九九八年、二九四頁、一八〇〇円
浅野和生著『君は台湾のたくましさを知っているか』廣済堂出版、二〇〇〇年、二三〇頁、一三九〇円
中村勝範、楊合義、浅野和生『日米同盟と台湾』、早稲田出版、二〇〇三年、二六二頁、一七〇〇円
中村勝範、涂照彦、浅野和生『アジア太平洋における台湾の位置』早稲田出版、二〇〇四年、二五四頁、一七〇〇円
中村勝範、黄昭堂、徳岡仁、浅野和生『続・運命共同体としての日本と台湾』早稲田出版、二〇〇五年、二三八頁、一七〇〇円
中村勝範、楊合義、浅野和生『東アジア新冷戦と台湾』早稲田出版、二〇〇六年、二二二頁、一六〇〇円
中村勝範、楊合義、浅野和生『激変するアジア政治地図と日台の絆』早稲田出版、二〇〇七年、二一三頁、一六〇〇円
中村勝範、呉春宜、楊合義、浅野和生『馬英九政権の台湾と東アジア』早稲田出版、二〇〇八年、二五四頁、一六〇〇円

浅野和生著『台湾の歴史と日台関係』早稲田出版、二〇一〇年、二二三頁、一六〇〇円
日台関係研究会編『辛亥革命100年と日本』早稲田出版、二〇一一年、二八七頁、一五〇〇円
浅野和生、加地直紀、松本一輝、山形勝義、渡邉耕治『日台関係と日中関係』展転社、二〇一二年、二一五頁、一六〇〇円
浅野和生、加地直紀、松本一輝、山形勝義、渡邉耕治『台湾民主化のかたち』展転社、二〇一三年、二一二頁、一六〇〇円
浅野和生、加地直紀、渡辺耕治、新井雄、松本一輝、山形勝義『日台関係研究会叢書1　中華民国の台湾化と中国』展転社、二〇一四年、二三二頁、一六〇〇円
浅野和生、松本一輝、加地直紀、山形勝義、渡邉耕治、『日台関係研究会叢書2　一八九五―一九四五　日本統治下の台湾』展転社、二〇一五年、二四八頁、一七〇〇円
浅野和生、渡邉耕治、加地直紀、松本一輝、山形勝義『日台関係研究会叢書3　民進党三十年と蔡英文政権』展転社、二〇一六年、二四八頁、一七〇〇円
浅野和生、渡邉耕治、山形勝義、松本一輝、加地直紀『日台関係研究会叢書4　日台関係を繋いだ台湾の人びと』展転社、二〇一七年、二五〇頁、一七〇〇円
楊合義『決定版 台湾の変遷史』展転社、二〇一八年、一六〇〇円
浅野和生、松本一輝、加地直紀、山形勝義『日台関係研究会叢書5　日台関係を繋いだ台湾の人びと2』展転社、二〇一八年、二四六頁、一七〇〇円

浅野和生、松本一輝、山形勝義、吉田龍太郎『日台関係研究会叢書6　台湾の民主化と政権交代』展転社、二〇一九年、二四八頁、一七〇〇円

浅野和生、渡辺耕治、山形勝義、新井雄、松本一輝『日台関係研究会叢書7　日台運命共同体』展転社、二〇二〇年、三〇四頁、一九〇〇円

【執筆者略歴】

酒井正文（さかい　まさふみ）
昭和 24 年、静岡県生まれ。 慶應義塾大学大学院法学研究科修士課程修了。中部女子短期大学助教授、杏林大学教授、平成国際大学教授を経て同名誉教授。平成 16 年～ 24 年まで法学部長。 日本政治学会、日本選挙学会、日本法政学会理事を歴任。
〔主要著作〕『主要国政治システム概論』（共著、慶應義塾大学出版会）『満州事変の衝撃』（共著、勁草書房）『大麻唯男』（共著、財団法人櫻田会）『帝大新人会研究』（共著、慶應義塾大学出版会）など。

渡邉耕治（わたなべ　こうじ）
昭和 53 年、神奈川県生まれ。平成 13 年平成国際大学法学部卒、平成 15 年平成国際大学大学院法学研究科修士課程修了。現在、国立台湾師範大学歴史学系博士課程。
（主要著作）「戦後台湾国際関係史」（『辛亥革命 100 年と日本』 早稲田出版）、「日台関係における相互認識の変化」（『日台関係と日中関係』 展転社）、「台湾帰属問題と日本」（『平成法政研究』 第 16 巻第 1 号）、「中台関係二十五年の回顧―政治･経済関係を中心に」（『台湾民主化のかたち』 展転社）、「馬英九政権の対中政策」（『中華民国の台湾化と中国』展転社）、「中華民国による台湾接収の経過」（『一八九五――一九四五 日本統治下の台湾』展転社）、「戒厳体制下における党外活動と民進党の結成」（『民進党三十年と蔡英文政権』展転社）、「辜振甫と日台関係」（『日台関係を繋いだ台湾の人びと』 展転社）、「戦後初期の日台関係」（『日台運命共同体』）。

松本一輝（まつもと　かずてる）
昭和 54 年、東京都生まれ。平成 15 年平成国際大学法学部卒、同 17 年平成国際大学大学院法学研究科修士課程修了、現在　日台関係研究会事務局。日本選挙学会、日本法政学会会員。
（主要著作）「大地震に際しての日台相互支援」（『日台運命共同体』）、「台湾における選挙の歴史―民主化と政権交代の経過」（『台湾の民主化と政権交代』）、「戦後の日台関係と林金莖」（『日台関係を繋いだ台湾の人びと 2』）、「許世楷駐日代表と日台関係の発展」（『日台関係を繋いだ台湾の人びと』）、「民進党の三十年と立法委員選挙」（『民進党三十年と蔡英文政権』）、「日本の台湾領有と憲法問題」（『一八九五――一九四五 日本統治下の台湾』）、「六大都市選挙に見る『中華民国の台湾化』」（『中華民国の台湾化と中国』）、「台湾の民主化と各種選挙の実施」（『台湾民主化のかたち』）、「中華民国の戦後史と台中、日台関係」（『日台関係と日中関係』）、「労働党ブレア政権の貴族院改革」（『平成法政研究』　第 14 巻第 1 号）、「オリンピック開催地決定の経過と政治の役割」（『平成法政研究』　第 12 巻第 1 号）。

新井雄（あらい　ゆう）
昭和 49 年、栃木県生まれ。平成 9 年関東学園大学経済学部卒、同 14 年平成国際大学大学院法学研究科修士課程修了。平成 26 年国立政治大学歴史学系 (台湾) 博士課程修了、文学博士。現在、大仁科技大学応用日語系（台湾）助理教授。
（主要著作）「自由民主党親台湾派の活動：日台断交時期を中心に（1972-1975）」（『問題と研究』　第 39 巻 1 号）。「親台湾派・桑原壽二の思想と政治行動」（『問題と研究』　第 39 巻 4 号）。「自民党「親台派」から見た「日台関係」―「日華」から「日台」へ―」（『中華民国の台湾化と中国』 展転社）。「1970 年代「日華関係議員懇談会」背景分析」（『現代桃花源學刊』 第五期）。「日臺關係與台灣人原日本兵補償問題：以有馬元治的活動為中心」（『大仁學報』 第 51 期）。「李登輝訪日をめぐる日台関係―親台派国会議員の動向を中心に」（『日台運命共同体』 展転社）

山形勝義（やまがた　かつよし）
昭和 55 年、茨城県生まれ。平成 15 年国士舘大学政経学部卒業、同 17 年平成国際大学大学院法学研究科修士課程修了、同23年東洋大学大学院法学研究科博士課程単位取得満期退学。現在、東洋大学アジア文化研究所客員研究員。日本政治学会、日本法政学会、日本選挙学会、日本地方自治研究学会、日本地方自治学会会員。

（主要著作）「周鴻慶事件による日華断交の危機と関係修復――一九六〇年代の日台関係の課題」（『日台運命共同体』）、「中華民国の台湾化―「省」の廃止と六大都市の設置」（『台湾の民主化と政権交代』）、「国連職員から駐日代表へ―羅福全の半生と日台関係」（『日台関係を繋いだ台湾の人びと2』）、「台湾経済の世界化を担った江丙坤」（『日台関係を繋いだ台湾の人びと』）、「陳水扁政権期の「公民投票」の実現―民主化の一里塚としての国民投票―」（『民進党三十年と蔡英文政権』）、「日本統治下の台湾における地方行政制度の変遷」（『一八九五――九四五 日本統治下の台湾』）、「中華民国の地方自治と中央政府直轄市」（『台湾民主化のかたち』）、「中華民国における五権憲法の実態―中国から台湾へ・監察院の制度と組織―」（『日台関係と日中関係』）「アジア諸国における権威主義体制の崩壊と情報公開システムの形成―韓国・タイ・台湾を事例に―」（『法政論叢』）、ほか。

浅野和生（あさの　かずお）

昭和 34 年、東京都生まれ。昭和 57 年慶應義塾大学経済学部卒業、同 63 年慶應義塾大学大学院法学研究科博士課程修了、法学博士。昭和 61 年中部女子短期大学専任講師、平成 2 年関東学園法学部専任講師、後、助教授、同 8 年平成国際大学法学部助教授を経て、同 15 年より教授。日本法政学会理事、日本地方政治学会理事、日本地域政治学会代表。

【著書】

『大正デモクラシーと陸軍』（慶應義塾大学出版会）『君は台湾のたくましさを知っているか』（廣済堂出版）『台湾の歴史と日台関係』（早稲田出版）『親台論』（ごま書房新社）

【共著書】

『日台運命共同体』『台湾の民主化と政権交代』『日台関係を繋いだ台湾の人びと 2』『日台関係を繋いだ台湾の人びと』『民進党三十年と蔡英文政権』『一八九五—一九四五 日本統治下の台湾』『中華民国の台湾化と中国』『台湾民主化のかたち』『日台関係と日中関係』『運命共同体としての日本と台湾』（以上、展転社）『日米同盟と台湾』『アジア太平洋における台湾の位置』『続・運命共同体としての日本と台湾』『東アジア新冷戦と台湾』『激変するアジア政治地図と日台の絆』『馬英九政権の台湾と東アジア』（以上、早稲田出版）

日台関係研究会叢書8
台湾と日米同盟

令和三年十二月十五日　第一刷発行

編　者　浅野　和生
発行人　荒岩　宏奨
発　行　展　転　社

〒101-0051 東京都千代田区神田神保町2-46-402
TEL　〇三（五三一四）九四七〇
FAX　〇三（五三一四）九四八〇
振替〇〇一四〇—六—七九九九二

印刷製本　中央精版印刷

定価［本体＋税］はカバーに表示してあります。

ISBN978-4-88656-534-1